용접 작업을 하는 외국인 근로자들을 위한 한국어 교재

용접 한국어

코어큐브랩

용접 한국어 책소개

『용접 한국어』는 조선소에서 용접 작업을 하는 외국인 근로자들을 위한 교재이다. 특히 용접 기술은 익혔으나 한국어 의사소통 능력이 부족해서 용접 작업을 원활하게 수행하지 못하는 학습자를 위해 개발하였다. 작업 현장에서의 가장 큰 불편은 학습자가 한국어를 이해하지 못해 작업을 제대로 이행하지 못하는 점이다. 이를 위해 용접 작업의 상황을 중심으로 교재를 구성하여 각 상황에서 꼭 필요한 지시어를 듣고 이해하는 것에 중점을 두었다. 즉 '행동동사'를 듣고 지시에 따라 작업할 수 있는 것을 첫 번째 목표로 하였다. 또한 안전, 용접도구, 용접 관련 기계, 작업 내용에 대한 한국어 어휘와 표현 및 내용을 신속하게 파악하도록 이미지를 최대한 사용하여 이해력을 높였다.

교재는 총 20개 단원으로 크게 '용접 작업 관련 15개 단원(용접편)', '산업 안전 관련 5개 단원(산업 안전편)'으로 나누어 구성하였다.

'용접편' 15개 단원은 조선소에 대한 일반 용어, 용접 준비, 안전, 취부, 용접 본작업, 용접 후 정리 및 청소의 용접 작업 순서를 토대로 구성하였으며, 작업 단계의 15개 주요 상황을 중심으로 전개하였다. 주요 단계는 [들어가기] → [학습하기 전에] → [어휘1, 표현1, 연습1] → [어휘2, 표현2, 연습2] → [대화해 보세요] → [들어보세요] → [받아쓰세요]이다. [들어가기]는 단원 소개 부분으로 도입 사진 및 질문, 상황, 학습 목표 및 내용을 제시하였다. [학습하기 전에]는 듣기 입력이 부족한 학습자를 위해 학습 부담을 덜고 음성 언어에 집중하도록 하였다. 해당 단원에 나오는 어휘와 지시어를 듣고 고르는 활동으로 본격적인 학습을 위한 준비 단계이다. [어휘1, 표현1, 연습1]은 지시어인 '행동동사'를 중심으로 편성하였다. 먼저 행동동사와 관련된 어휘 학습 후, 이를 표현1에서 관련 동사와 연계하여 반복 연습함으로써 해당 용접 상황에서 지시하는 내용을 듣고 수행할 수 있도록 하였다. [어휘2, 표현2, 연습2]는 해당 상황에서 사용되는 문법을 중심으로 구성하였다. 먼저 관련 어휘를 학습한 후 이를 문법과 연계하여 반복하고, 연습 문제를 통해 확인·점검하도록 하였다. [대화해 보세요]에서는 단원에서 학습한 어휘, 표현, 행동동사, 문법이 포함된 대화를 듣고, 말하고 씀으로써 문장 구사력과 정확성을 높이도록 하였다. [들어보세요]에서는 실질적으로 지시어와 상황에 맞는 작업을 할 수 있는 훈련을 하고, [받아쓰세요]를 통해 핵심 표현과 내용을 최종 점검하도록 하였다.

'산업 안전편' 5개 단원은 조선소 현장에서 자주 발생하는 산업 재해 예방을 위해 '내용 중심'으로 전개하였다. 산업 재해 관련 내용은 '안전 일반, 추락, 화재와 폭발, 협착(깔림·끼임), 충돌, 낙하·비래' 사고 순으로 구성하였으며, 주요 단계는 [들어가기] → [학습하기 전에] → [어휘와 표현, 연습] → [알아봅시다 1,2,3]이다. [들어가기]와 [학습하기 전에]는 '용접편'과 동일하며, [어휘와 표현, 연습]은 안전 관련 주요 어휘와 표현을 숙지하면서 사고와 관련된 상황을 유추하고 생각하도록 하고, 연습에서 학습한 어휘와 표현을 활용해 사고 예방을 위한 안전 교육 내용을 이해하고 확인하는 방식이다. [알아봅시다 1,2,3]에서는 구체적인 산업 재해 사례, 사고에 대한 통계 자료 등 실제 자료와 실질적 내용, 다양한 이미지를 활용해 여러 측면에서 사고에 대한 경각심을 갖고 안전에 만전을 기하도록 하였다. 산업 재해 예방, 안전 교육이라는 목표와 그 효율을 위해 언어교재라는 형식에 비중을 두기보다 내용 전달 및 교육에 중점을 두어 구성·집필하였다.

■ 교재 구성을 세부적으로 살펴보면 다음과 같다. ■

용접편

들어가기

들어가기는 단원 주제와 관련된 사진을 제시하고 하단에 도입 질문을 배치함으로써 학습자가 학습 내용을 스스로 추측할 수 있도록 하였다. 또한 상황, 학습 목표, 학습 내용(어휘, 문법과 표현)을 제시하였다.

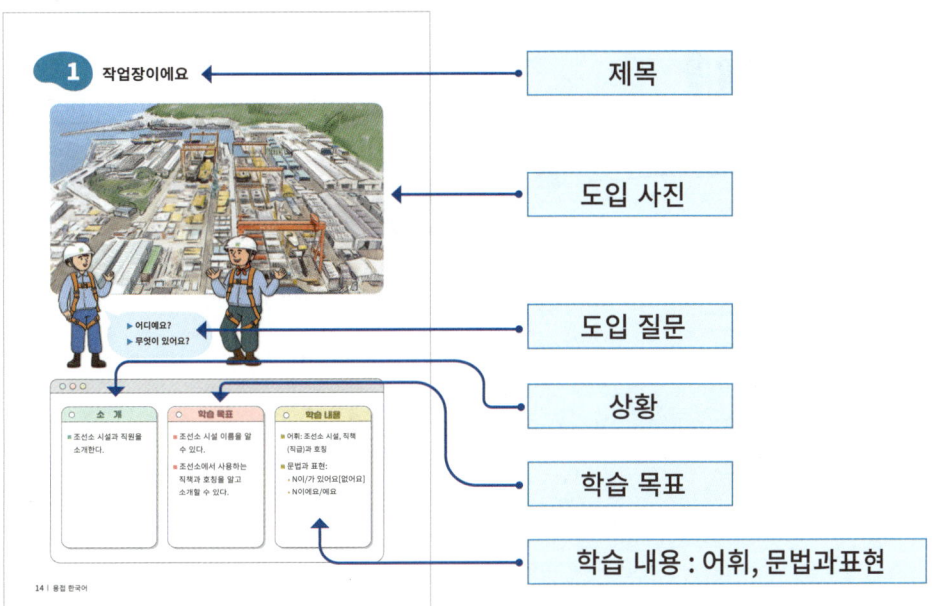

학습하기 전에

'학습하기 전에'는 듣기 입력이 부족한 학습자들을 위해 학습 부담을 덜고 학습 어휘 및 표현을 소리로 먼저 접하고 집중하게 함으로써 현장에서 사용되는 주요 지시어와 표현에 노출시켰다. 상단은 어휘, 하단은 문장을 듣고 해당 표기를 연결하는 활동이다.

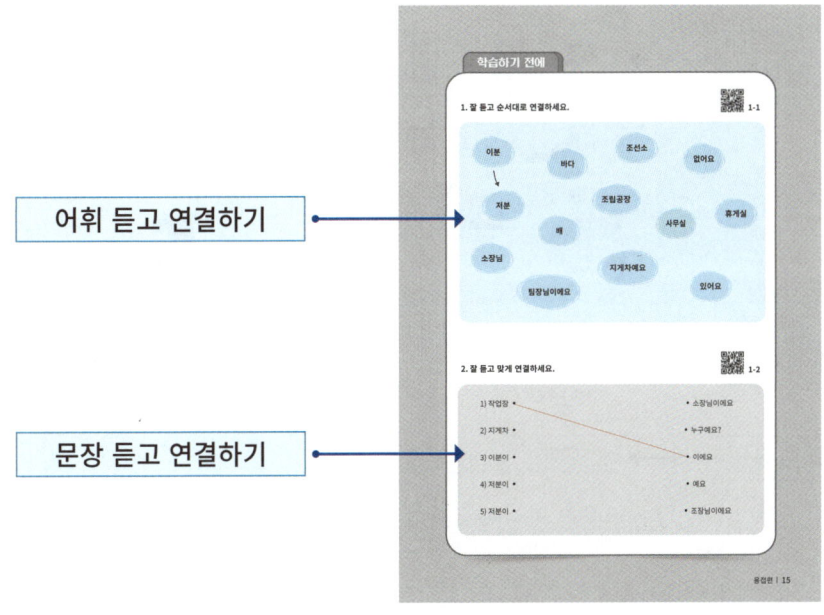

어휘 1, 표현 1, 연습 1

어휘 1, 표현 1, 연습 1은 단원에서 필요한 어휘, 행동동사를 학습하고 연습문제를 풀도록 하였다. 해당 용접 상황에서 사용되는 핵심 '행동동사'를 패턴 드릴(pattern drill) 형식으로 반복함으로써 행동동사에 집중하도록 하였으며, 연습에서 듣고 말하는 활동을 하도록 하였다. 어휘 하단에는 주의할 발음을 제시하였다.

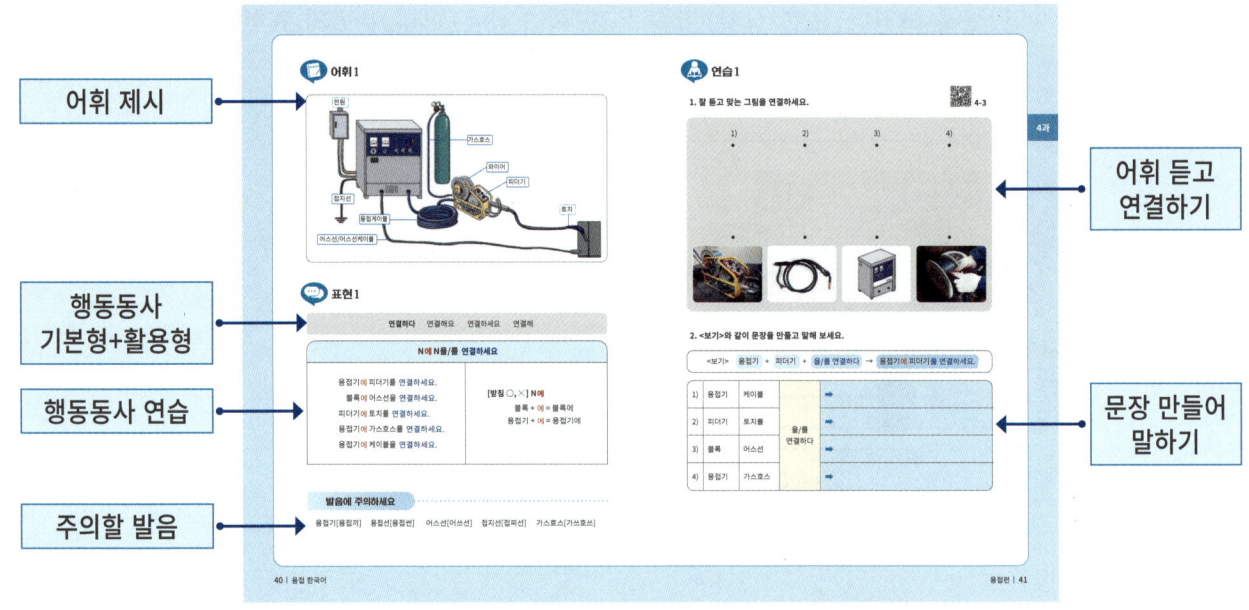

어휘 2, 표현 2, 연습 2

어휘 2, 표현 2, 연습 2는 상황과 관련된 어휘를 학습하고 이를 문법과 연계시켜 현장성을 높이도록 하였다. 연습에서는 쓰고 말하는 활동을 하도록 하였으며, 하단에 주의할 발음을 제시하였다.

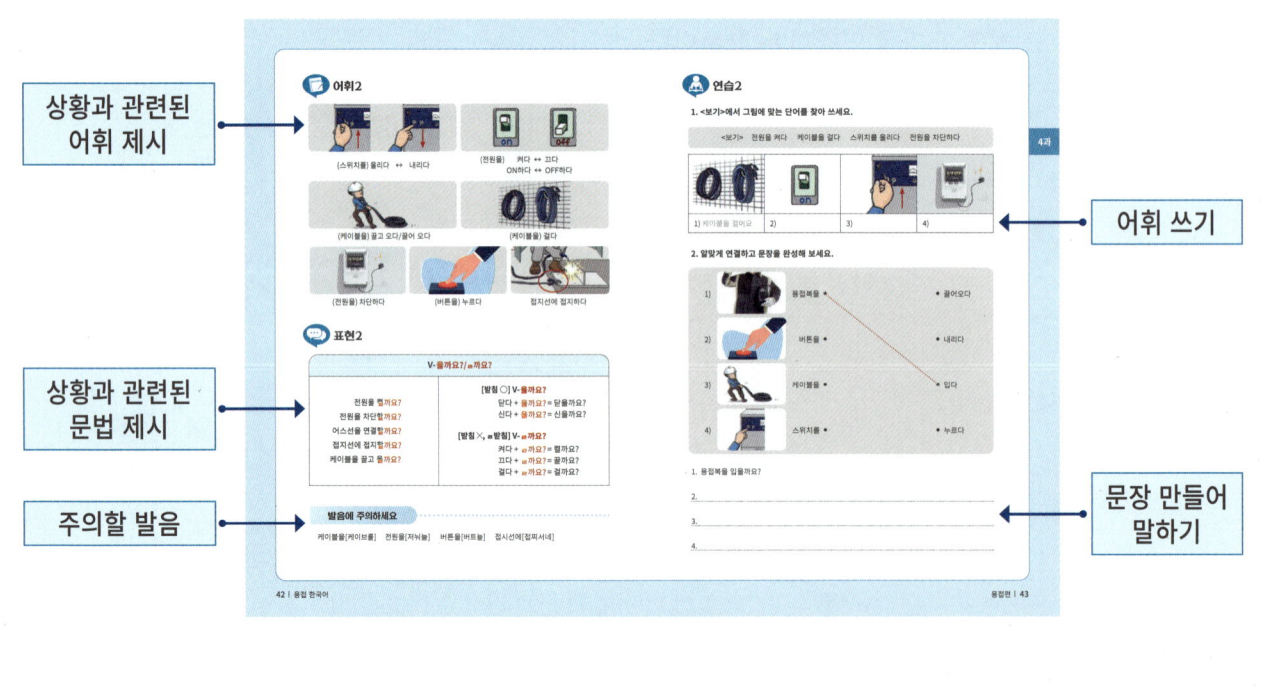

대화해 보세요

'대화해 보세요'는 해당 단원의 목표 어휘 및 문법을 포함한 대화문을 연습하도록 하였다. 대화와 관련된 사진 혹은 삽화를 제시하고 대화 연습 시 교체되는 어휘와 표현을 색깔로 분류·표시하여 문형 파악 및 대화 연습을 용이하게 하였다.

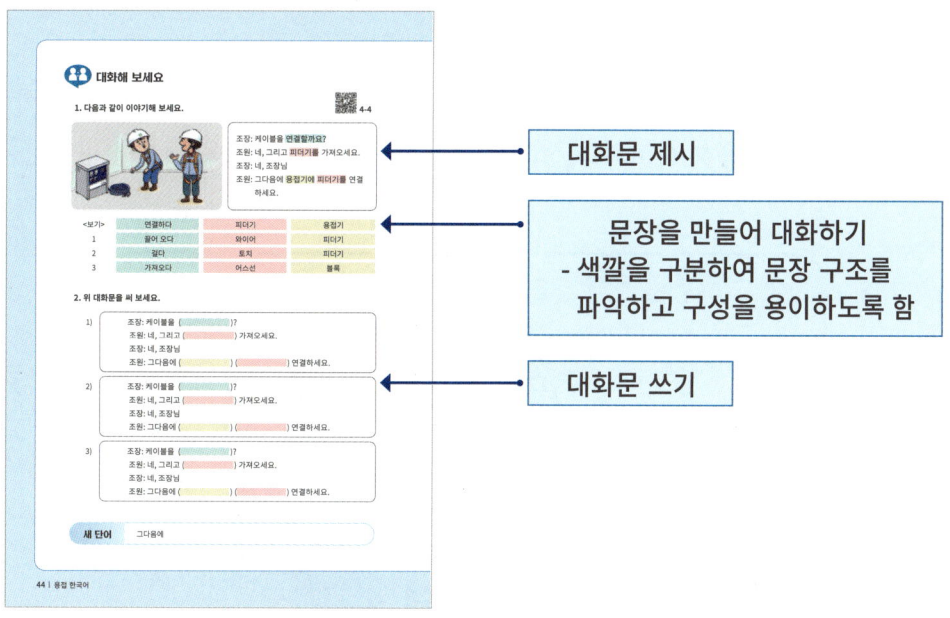

들어보세요 / 받아쓰세요

'들어보세요'는 학습한 어휘와 표현, 문법과 내용을 종합하여 듣기를 강화시켜 줄 수 있는 대화 자료를 제공하였으며, 들은 내용을 바탕으로 새로 배운 어휘나 문형을 확인하도록 하였다. 마지막으로 받아쓰기를 통해 형태의 정확성과 함께 주요 표현을 최종 점검하도록 하였다.

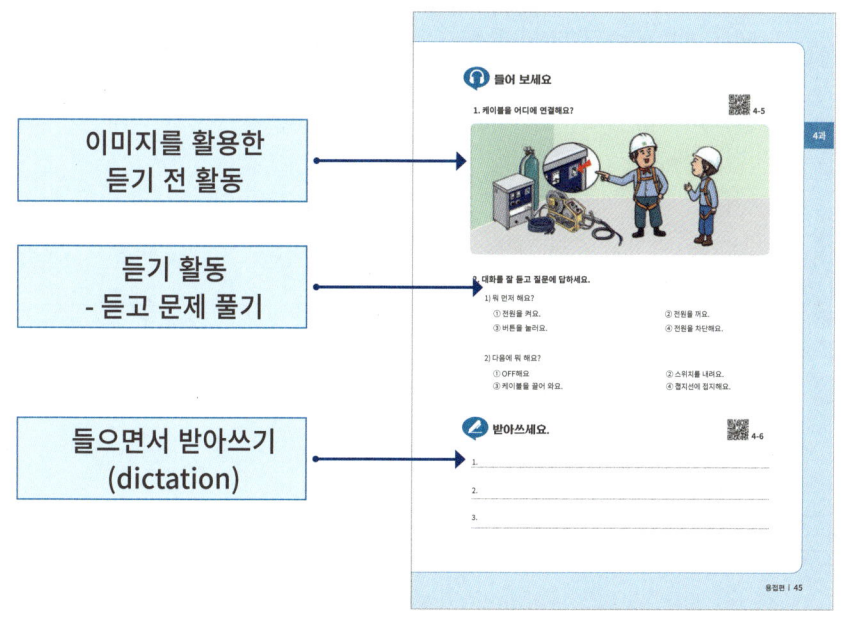

산업안전편

도입 / 학습하기 전은 [용접편]과 동일하다.

어휘와 표현, 연습

안전 관련 주요 어휘와 표현을 숙지하면서 사고와 관련된 상황을 유추하고 생각한다. 연습은 학습한 어휘와 표현을 확인하거나 이를 활용해 사고의 특성, 사고 예방을 위한 안전 교육 내용을 파악할 수 있도록 하였다.

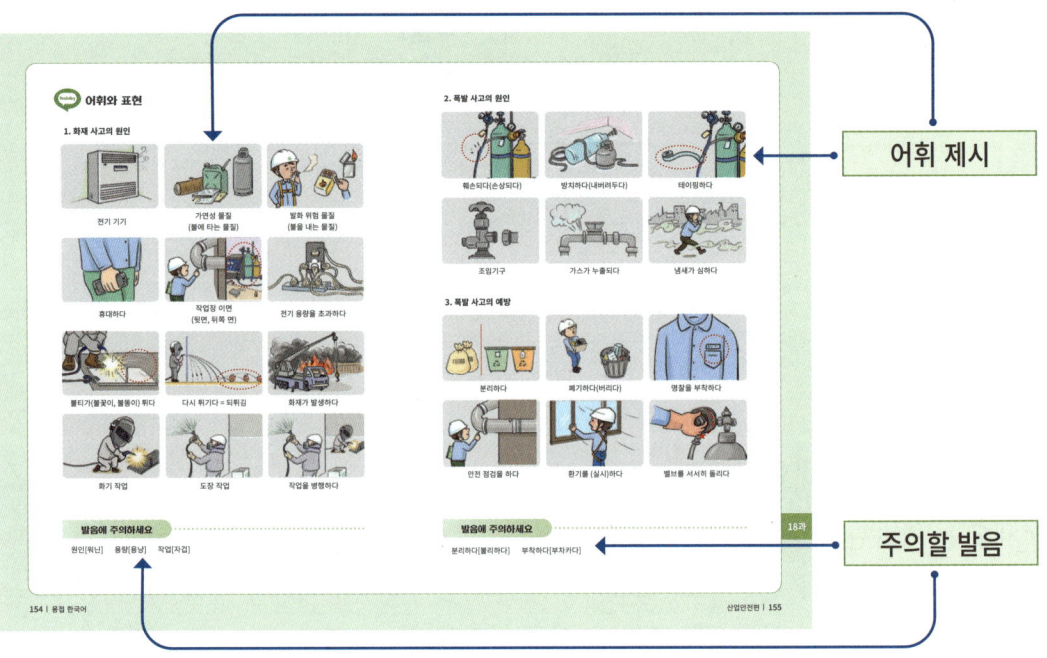

어휘 제시

주의할 발음

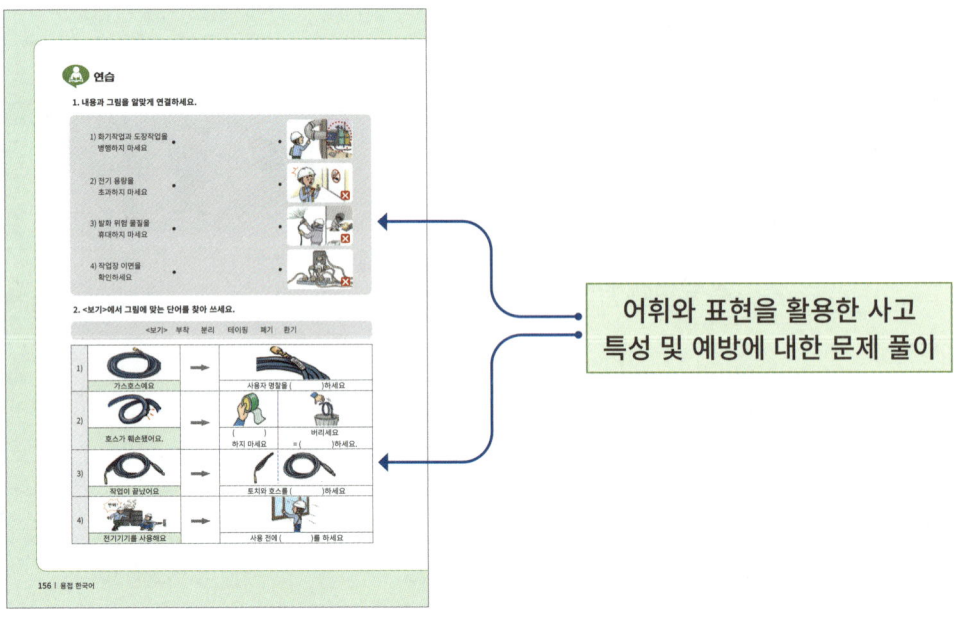

어휘와 표현을 활용한 사고 특성 및 예방에 대한 문제 풀이

알아봅시다 1, 2, 3

[알아봅시다 1,2,3]에서는 꼭 지켜야 할 안전 수칙, 구체적인 산업 재해 사례, 통계 자료 등 실제 자료와 실질적 내용, 다양한 이미지를 활용해 여러 측면에서 사고의 특성, 안전 수칙, 예방 대책 등을 파악하도록 하였다. 크게 두 가지 문제로 구성을 하였고 1.은 '들어가기' 문제로 사고에 대한 기초 인식이나 기본적인 내용을 중심으로 브레인스토밍 역할을 한다. 2.3.은 안전수칙, 예방 수칙, 대책, 구체 사례 등을 제시하였고 이를 기초로 문제를 풀면서 안전 사고에 대한 내용을 확인하도록 하였다.

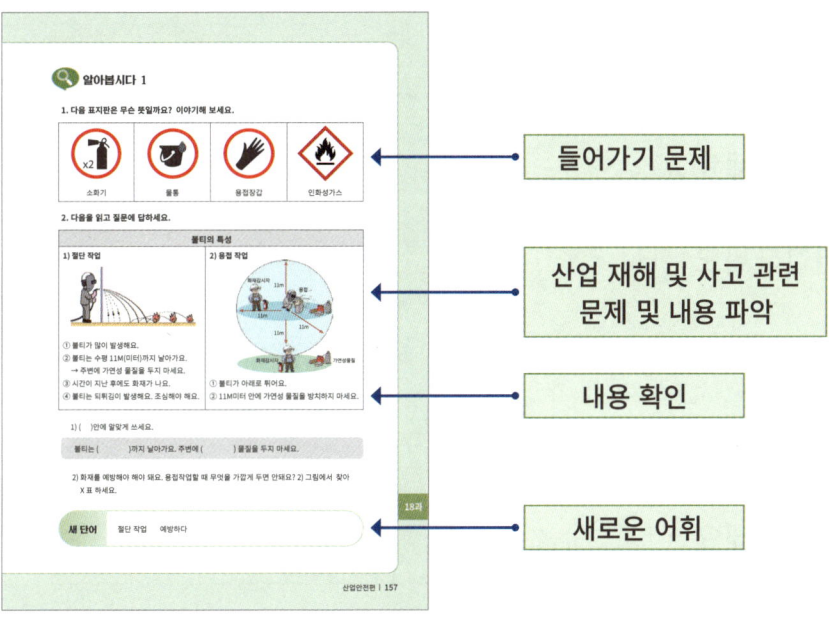

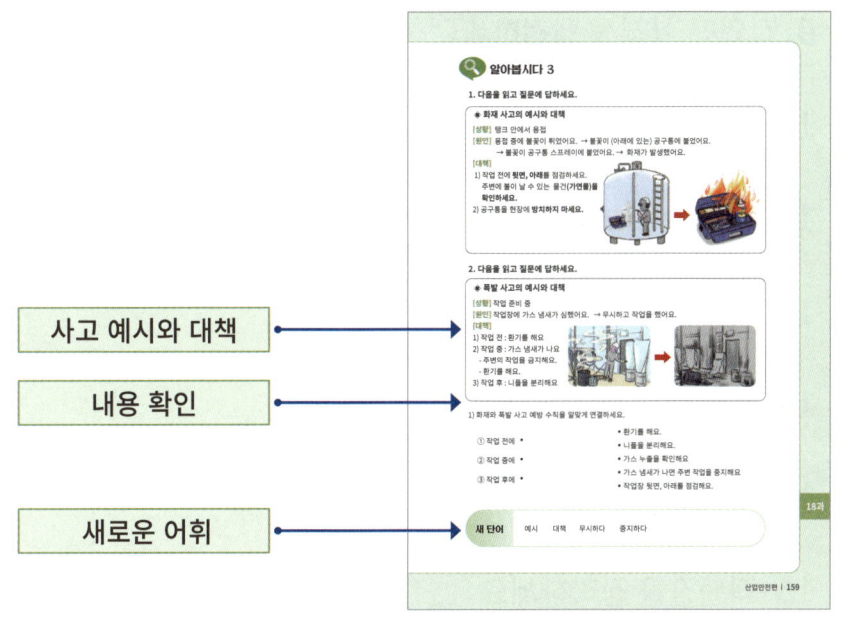

목 차

용접편

1. 작업장이에요 — 14
2. 의장공장 3B로 가세요 — 22
3. 안전모를 착용하세요 — 30
4. 케이블을 연결하세요 — 38
5. 토치를 조립하세요 — 46
6. 전류와 전압을 확인하세요 — 54
7. 와이어를 장착하세요 — 62
8. 전류와 전압을 조절하세요 — 70
9. 작업장 환경을 점검하세요 — 78
10. 여기부터 저기까지 용접하세요 — 86
11. 용접 속도를 유지해야 돼요 — 94
12. 의장품을 설치하세요 — 102
13. 용접하기 전에 취부하세요 — 110
14. 용접 결함을 보수하세요 — 118
15. 작업장을 정리하세요 — 126

산업안전편

16. 절대수칙을 꼭 지키세요	136
17. 추락(떨어짐) 사고	144
18. 화재와 폭발 사고	152
19. 협착(깔림·끼임) 사고	160
20. 충돌(부딪힘), 낙하·비래(맞음) 사고	168

듣기 지문 / 정답

듣기 지문	178
정답	187

교재 구성표 — 1. 용접편

구분	단원	주제/상황	어휘
소개	1. 작업장이에요	조선소 시설과 직원 소개하기	조선소 시설, 직책(직급)과 호칭
준비	2. 의장공장 3B로 가세요	용접 장소로 이동하기	방향(위치), 숫자
준비	3. 안전모를 착용하세요	작업 전 안전 보호구 확인과 착용하기	안전 보호구 관련 어휘 신체 어휘, 착용 동사
준비	4. 케이블을 연결하세요	용접 시작 전에 용접 케이블을 피더기에 연결하기	용접기에 연결된 케이블, 용접 기계 관련 어휘
준비	5. 토치를 조립하세요	토치를 조립하고 부품을 교환하기	토치 부품, 토치 조립 및 교체 관련 어휘
준비	6. 전류와 전압을 확인하세요	용접 시작하기 전에 전류와 전압을 확인하기	용접기, 피더기, 와이어 양 관련 어휘
준비	7. 와이어를 장착하세요	와이어를 장착하고 토치까지 송급하기	와이어 송급장치 부품, 와이어 조립 관련 공구 어휘
준비	8. 전류와 전압을 조절하세요	용접하기 전에 가스 유량과 전류·전압을 조절하기	CO2 용기 조정기, 피더기 관련 어휘
준비	9. 작업장 환경을 점검하세요	용접 작업 전 현장 상황을 점검하기	작업장 환경 어휘, 작업 전 주의사항 관련 어휘
용접	10. 여기부터 저기까지 용접하세요	작업 도면을 보고 작업 위치와 용접 방법을 확인하기	방향·위치 관련 어휘 용접 방법 관련 어휘
용접	11. 용접 속도를 유지해야 돼요	용접 상태에 따라 알맞은 작업 방법으로 용접하기	작업 관련 형용사
취부	12. 의장품을 설치하세요	용접하기 전에 파이프나 의장품을 설치하기	의장품 설치 관련 장소와 공구 어휘
취부	13. 용접하기 전에 취부하세요	용접하기 전에 가용접하기	취부관련 공구와 사용법 어휘
용접	14. 용접 결함을 보수하세요	용접 결함을 확인하고 보수 작업하기	용접 결함 종류, 용접 결함 원인 및 보수 관련 어휘
마무리	15. 작업장을 정리하세요	용접 작업 후 작업 도구를 정리하고 작업장을 청소하기	청소 및 정리정돈 관련 어휘

교재 구성표 — 2. 산업안전편

단원	주제/상황	어휘와 표현1
16. 절대수칙을 꼭 지키세요	1. 조선소 작업장의 특징과 안전사고 유형 2. 절대 수칙과 위급 상황 시 대피하기	조선소 작업장 위험 요인 안전사고 유형 비상 대피 시설 및 구급 장비
17. 추락(떨어짐) 사고	1. 높은 곳에서 떨어지는 사고 2. 미끄러지거나 넘어지는 사고	추락 사고 유형 추락 사고 예방(사다리 안전 수칙, 기타 안전 수칙)
18. 화재와 폭발 사고	1. 화재 사고 2. 폭발 사고	화재 사고의 원인, 폭발 사고의 원인, 폭발 사고의 예방
19. 협착(깔림, 끼임) 사고	다양한 협착 사고	협착 사고의 유형, 협착 사고의 원인, 협착 사고 예방
20. 충돌(부딪힘), 낙하·비래(맞음) 사고	1. 사람이나 장비, 물품, 차량 등과 충돌하는 사고 2. 떨어지거나 날아오는 것에 맞는 사고	충돌 및 낙하·비래 사고의 원인, 충돌 및 낙하·비래 사고 예방 수칙

문법과 표현	말하기	듣기
N이/가 있어요[없어요] N이에요/예요	인사하기	작업장 소개하기
V-으세요/세요 N으로/로 가세요[오세요]	이동 지시하기	작업장으로 이동하기
N을/를 착용하세요 V/A-아요/어요	안전 보호구 착용 지시하기	안전 보호구 확인하기
N에 N을/를 연결하세요 V-을까요?/ㄹ까요?	용접 기계 연결하기	용접하기 전에 케이블 연결하기
N을/를 조립하세요/체결하세요 V/A-았어요/었어요	토치 조립하기	토치 조립과 부품 확인하기
N을/를 확인하세요/체크하세요 V-는지 A-은지/ㄴ지	용접하기 전에 피더기 확인하기	용접 시작하기 전에 전류와 전압 체크하기
N을/를 장착하세요 N으로/로(도구)	와이어 장착하기	와이어 조절하기
N을/를 조절하세요 V-고	전류와 전압 조절하기	가스 유량 점검하기
N을/를 점검하세요 V/A-을/ㄹ 때는	작업장 환경 점검하기	안전 장비 점검하기
N1에서/부터 N2까지 N으로/로 용접하세요/작업하세요	용접 위치와 방법 확인하기	용접 위치와 방법 지시하기
V/A-아야/어야 돼요 A-게	작업 방법 지시하기	용접 상태를 확인하고 용접 방법 적용하기
N을/를 설치하세요 V-으면서/면서	의장품 설치 지시하기	의장품 이동하기
취부하세요/가용접하세요 V-기 전에	의장품 장착하기	취부 작업 전에 점검하기
V/A-으니까/니까 V/A-아서/어서	재작업 지시하기	작업 불량 점검하기
N을/를 청소하세요/정리하세요 V-은/ㄴ 후에	작업장 청소하기	자재 정리하기

알아봅시다1	알아봅시다2	알아봅시다3
안전 사고율과 금지 표지판	절대수칙	-
외부 비계에서 떨어짐 사고 발생 원인 및 예방 대책	사다리 안전 수칙	떨어짐 사고 예방 수칙
불티의 특성 및 화재 예방 방법	가스 누출 사고 예방	화재, 폭발 사고의 예시와 대책
크레인 협착 사고 예방 수칙	레버풀러 협착 사고 예방 수칙	상황별 끼임 사고 예방 수칙
이동식 크레인 안전 수칙	그라인더 작업 중 안전 수칙	지게차 작업 안전 수칙

1 용접편

1 작업장이에요

▶ 어디예요?
▶ 무엇이 있어요?

소 개	학습 목표	학습 내용
■ 조선소 시설과 직원을 소개한다.	■ 조선소 시설 이름을 알 수 있다. ■ 조선소에서 사용하는 직책과 호칭을 알고 소개할 수 있다.	■ 어휘: 조선소 시설, 직책(직급)과 호칭 ■ 문법과 표현: • N이/가 있어요[없어요] • N이에요/예요

학습하기 전에

1. 잘 듣고 순서대로 연결하세요. 1-1

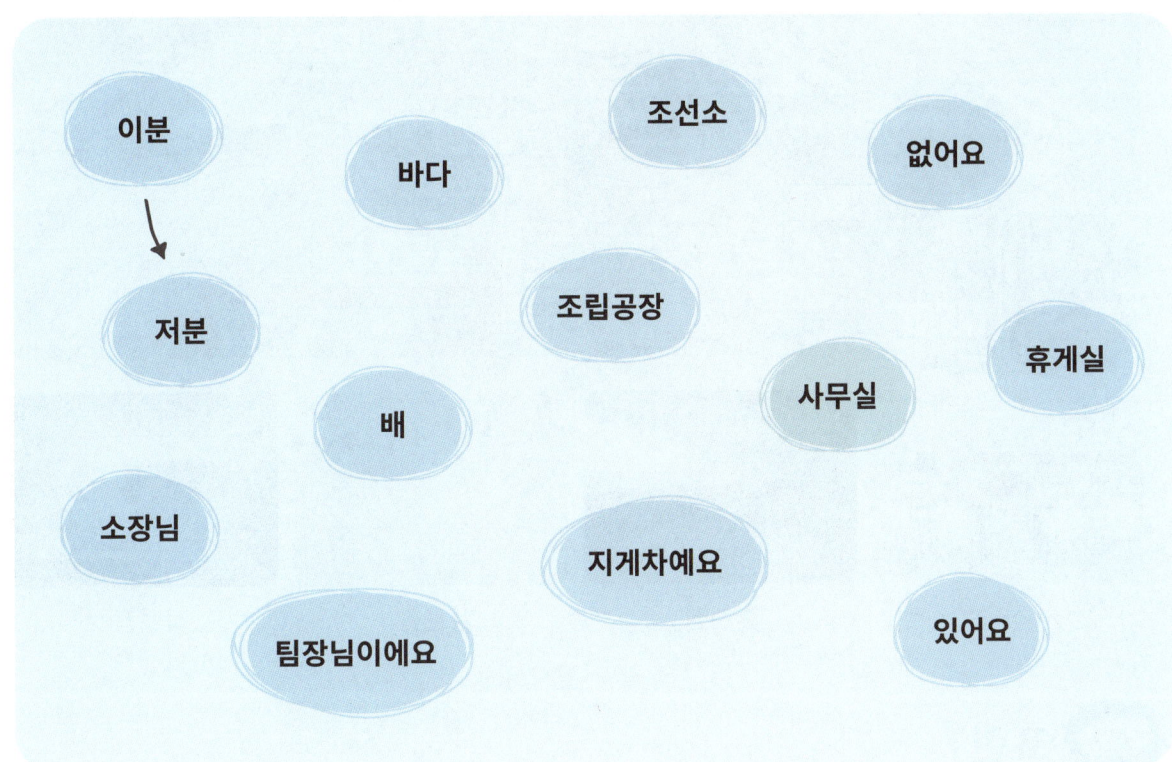

2. 잘 듣고 맞게 연결하세요. 1-2

1) 작업장 •　　　　　　　　　　• 소장님이에요

2) 지게차 •　　　　　　　　　　• 누구예요?

3) 이분이 •　　　　　　　　　　• 이에요

4) 저분이 •　　　　　　　　　　• 예요

5) 저분이 •　　　　　　　　　　• 조장님이에요

 ## 어휘 1

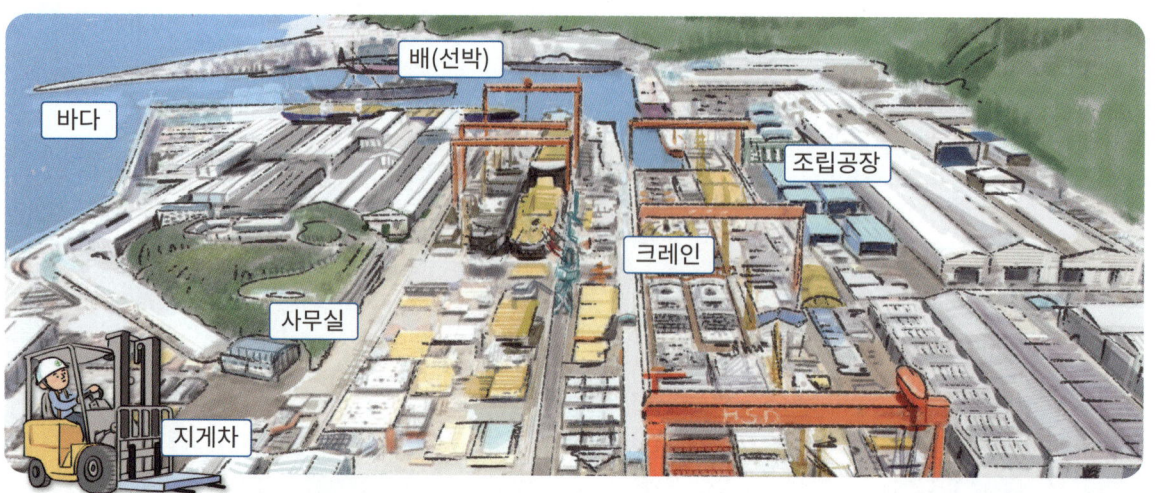

식당　　　휴게실　　　사물함　　　작업장

 ## 표현 1

N이/가 있어요[없어요]	
식당이 있어요. 크레인이 없어요. 사무실이 있어요. 배가 있어요. 지게차가 없어요.	**[받침 ○] N이 있어요[없어요]** 식당 + 이 있어요 = 식당이 있어요 작업장 + 이 없어요 = 작업장이 없어요 **[받침 ✕] N가 있어요[없어요]** 배 + 가 있어요 = 배가 있어요 바다 + 가 없어요 = 바다가 없어요

발음에 주의하세요

식당[식땅]　　탈의실[타리실]　　조립공장[조립꽁장]　　작업장[자겁짱]
있어요[이써요]　　없어요[업써요]

연습 1

1. 잘 듣고 맞는 그림을 연결하세요.

 1-3

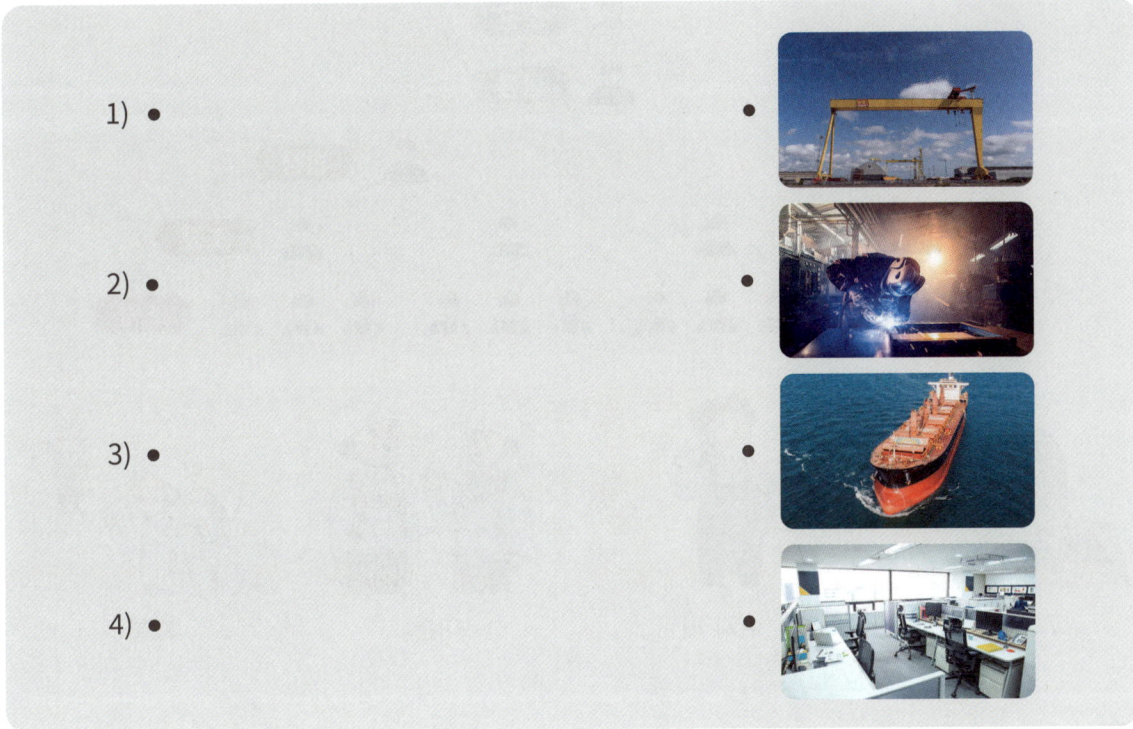

1) •
2) •
3) •
4) •

2. <보기>와 같이 문장을 만들고 말해 보세요.

| <보기> | 바다 + 있어요 → 바다**가** 있어요. |

1)	식당	이/가 있어요	➡
2)	지게차		➡
3)	배	이/가 없어요	➡
4)	휴게실		➡

 **어휘2**

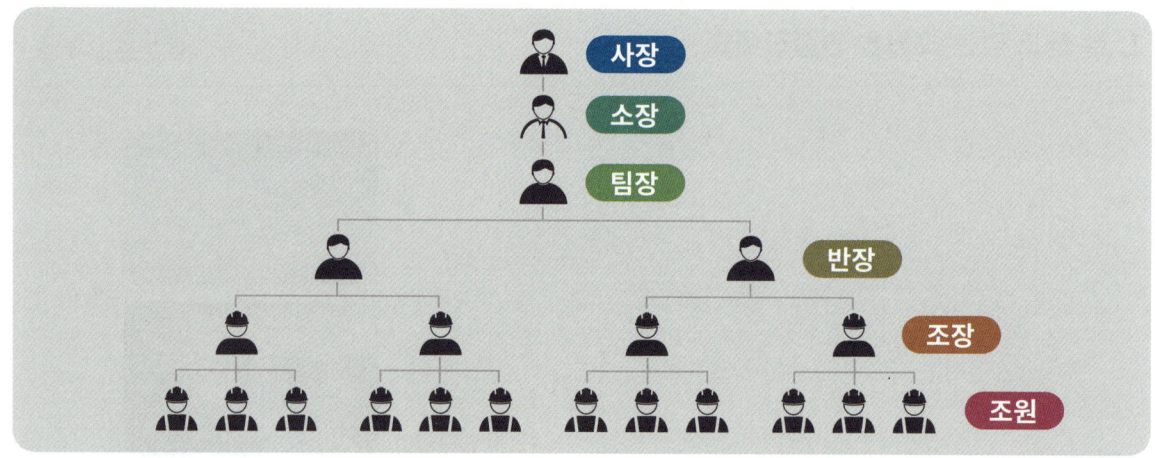

사장님　　　수지 씨　　　이분　　　저분

 **표현2**

N이에요/예요	
사장님이에요. 조립공장이에요. 이분이 소장님이에요. 화이 씨예요. 배예요.	**[받침 ○] N이에요** 사장님 + 이에요 = 사장님이에요 식당 + 이에요 = 식당이에요 **[받침 ✕] N예요** 민단 씨 + 예요 = 민단 씨예요 바다 + 예요 = 바다예요

발음에 주의하세요

이분이[이부니]　저분이[저부니]

# 연습2

1. <보기>에서 그림에 맞는 단어를 찾아 쓰세요.

| <보기> | 이분 | 저분 | 수지 씨 | 조장님 |

| 1) 이분 | 2) | 3) | 4) |

2. <보기>와 같이 문장을 만들고 말해 보세요.

<보기> 이하람 씨 → 이하람 씨예요.

1)	아지즈백 씨	이에요/예요	➡
2)	조원 보반만		➡
3)	이분이 팀장님		➡
4)	저분이 건우 씨		➡

대화해 보세요

1. 다음과 같이 이야기해 보세요.

조장: 저는 **조장** 김영국이에요.
조원: 안녕하세요, **조장님**.
조장: 민단 씨, **이분이** **바크마 씨**예요.
조원: **바크마 씨**, 안녕하세요.

<보기>	조장	이분	바크마
1)	팀장	이분	준석
2)	반장	저분	모니르
3)	소장	저분	우크탐백

2. 위 대화문을 써 보세요.

1)
팀장: 저는 (　　　　) 김영국이에요.
조원: 안녕하세요, (　　　　).
팀장: 민단 씨, (　　　　) (　　　　).
조원: (　　　　), 안녕하세요.

2)
반장: 저는 (　　　　) 김영국이에요.
조원: 안녕하세요, (　　　　).
반장: 민단 씨, (　　　　) (　　　　).
조원: (　　　　), 안녕하세요.

3)
소장: 저는 (　　　　) 김영국이에요.
조원: 안녕하세요, (　　　　).
소장: 민단 씨, (　　　　) (　　　　).
조원: (　　　　), 안녕하세요.

새 단어   저는   안녕하세요

🎧 들어 보세요

1. 여기가 어디예요?

2. 대화를 잘 듣고 질문에 답하세요.

   1) 여기가 어디예요?

     ① 식당　　　　　② 사무실　　　　　③ 작업장　　　　　④ 조립공장

   2) 무엇이 있어요?

✏️ 받아쓰세요

1. ....

2. ....

3. ....

2 의장공장 3B로 가세요

▶ 어디로 가요?
▶ 무엇을 해요?

소 개	학습 목표	학습 내용
■ 용접 장소로 이동한다.	■ 행동 동사의 뜻을 알고 지시에 따라 행동할 수 있다. ■ 방향과 숫자를 알고 지시에 따라 작업장으로 이동할 수 있다.	■ 어휘: 방향(위치), 숫자 ■ 문법과 표현: 　• V-으세요/세요 　• N으로/로 가세요[오세요]

학습하기 전에

1. 잘 듣고 순서대로 연결하세요. 2-1

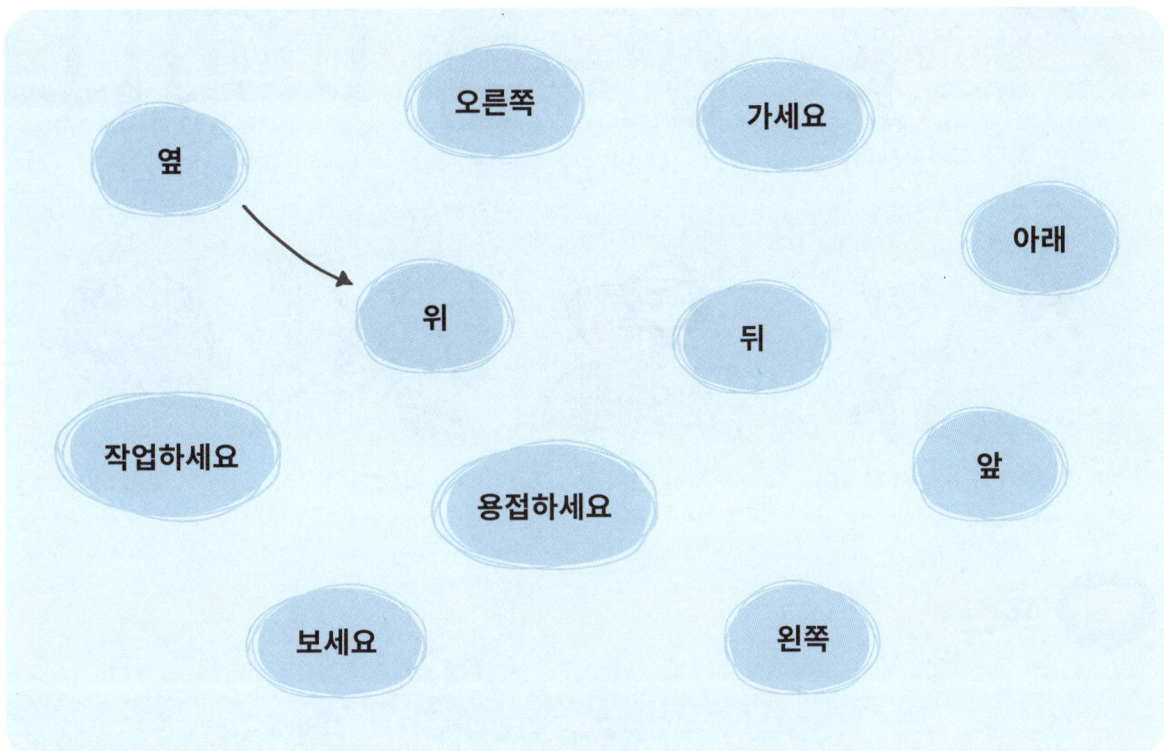

2. 잘 듣고 맞게 연결하세요. 2-2

1) 위로 ●	● 가세요
2) 앞으로 ●	
	● 오세요
3) 공구통을 ●	
	● 주세요
4) 왼쪽으로 ●	
5) 반장님을 ●	● 보세요

용접편 | 23

 어휘 1

가다 ↔ 오다   주다 ↔ 받다   열다 ↔ 닫다

가져가다 ↔ 가져오다   보다   작업하다   용접하다

표현 1

| 작업하다 | 작업해요 | 작업하세요 | 작업해 |
| 용접하다 | 용접해요 | 용접하세요 | 용접해 |

V-으세요/세요

가세요.
주세요.
닫으세요.
입으세요.
작업하세요.

[받침 ○] V-으세요
  닫다 + 으세요 = 닫으세요
  입다 + 으세요 = 입으세요

[받침 ✕, ㄹ받침] V-세요
  가다 + 세요 = 가세요
  열다 + 세요 = 여세요

발음에 주의하세요

받다[받따]   닫다[닫따]   작업하다[자거파다]   용접하다[용저파다]

24 | 용접 한국어

 **연습 1**

1. 잘 듣고 맞는 그림을 연결하세요.

 2-3

1) •
2) •
3) •
4) •

2. <보기>와 같이 문장을 만들고 말해 보세요.

| <보기> | 앞을 + 보다 → 앞을 보세요. |

1)	사무실로	오다	➡
2)	공구통을	주다	➡
3)	밸브를	닫다	➡
4)	50센티미터	작업하다	➡

새 단어 공구통

 ## 어휘2

1	2	3	4	5	6	7	8	9	10	100
일	이	삼	사	오	육	칠	팔	구	십	백

No.	은행로 Eunhaeng-ro 149	mm	cm	m
번	번지	밀리미터	센티미터	미터

 ## 표현2

N으로/로 가세요[오세요]

3B로 가세요.
앞으로 오세요.
사무실로 오세요.
402번지로 가세요.
오른쪽으로 가세요.

[받침 ○] N으로
앞 + 으로 = 앞으로
왼쪽 + 으로 = 왼쪽으로

[받침 ×, ㄹ받침] N로
아래 + 로 = 아래로
사무실 + 로 = 사무실로

발음에 주의하세요

앞으로[아프로]   오른쪽으로[오른쪼그로]

연습2

1. 그림을 보고 알맞게 연결하세요.

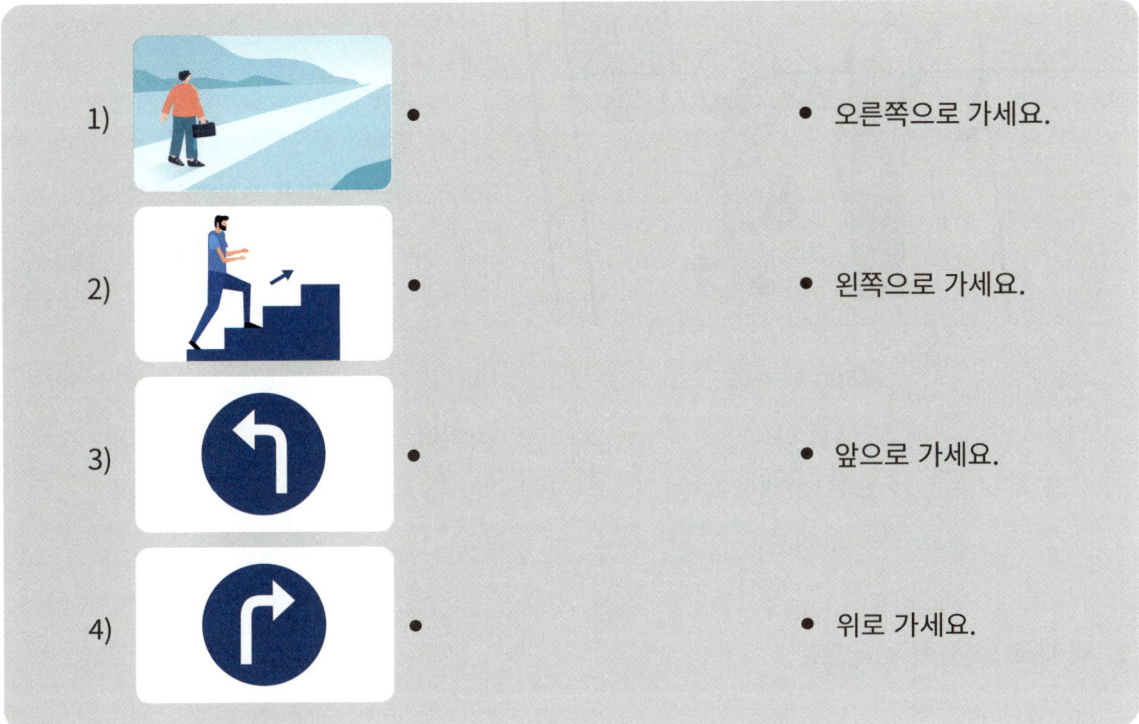

1) · · 오른쪽으로 가세요.
2) · · 왼쪽으로 가세요.
3) · · 앞으로 가세요.
4) · · 위로 가세요.

2. 아래 단어를 넣어서 <보기>와 같이 말해 보세요.

| 앞 뒤 옆 위 아래 왼쪽 오른쪽 |

| <보기> | 1) (　　　　　)으로/로 가세요. |
| 아래로 가세요
아래로 오세요 | 2) (　　　　　)으로/로 오세요. |

대화해 보세요

1. 다음과 같이 이야기해 보세요.

2-4

조장: 의장공장 3B로 가세요.
조원: 네, 알겠습니다.
조장: 2미터 정도 용접하세요.
조원: 네, 조장님.

<보기>	의장공장 3B	2미터	용접하다
1)	데크 위	500밀리미터	용접하다
2)	B601번지	80센티미터	작업하다
3)	800 A11C	1미터	작업하다

2. 위 대화문을 써 보세요.

1)
조장: (　　　　) 가세요.
조원: 네, 알겠습니다.
조장: (　　　　) 정도 (　　　　).
조원: 네, 조장님.

2)
조장: (　　　　) 가세요.
조원: 네, 알겠습니다.
조장: (　　　　) 정도 (　　　　).
조원: 네, 조장님.

2)
조장: (　　　　) 가세요.
조원: 네, 알겠습니다.
조장: (　　　　) 정도 (　　　　).
조원: 네, 조장님.

새 단어   정도   데크

 **들어 보세요**

1. 여기가 어디예요?

2. 대화를 잘 듣고 질문에 답하세요. 2-5

　1) 어디로 가요?
　　① 사무실　　② 화장실　　③ A205번지　　④ 작업장 4A

　2) 무엇을 해요?
　　① 봐요.　　② 닫아요.　　③ 받아요.　　④ 용접해요.

 **받아쓰세요** 2-6

1. ....

2. ....

3. ....

3 안전모를 착용하세요

▶ 무엇이 있어요?
▶ 무엇을 착용해요?

상황	학습 목표	학습 내용
■ 작업 전에 안전 보호구를 확인하고 착용한다.	■ 안전 보호구의 명칭을 말할 수 있다. ■ 착용 동사의 의미를 알고 지시에 따라 안전 보호구를 착용할 수 있다.	■ 어휘: 안전 보호구 관련 어휘, 신체 어휘, 착용 동사 ■ 문법과 표현: • N을/를 착용하세요 • V/A-아요/어요

학습하기 전에

1. 잘 듣고 순서대로 연결하세요.  3-1

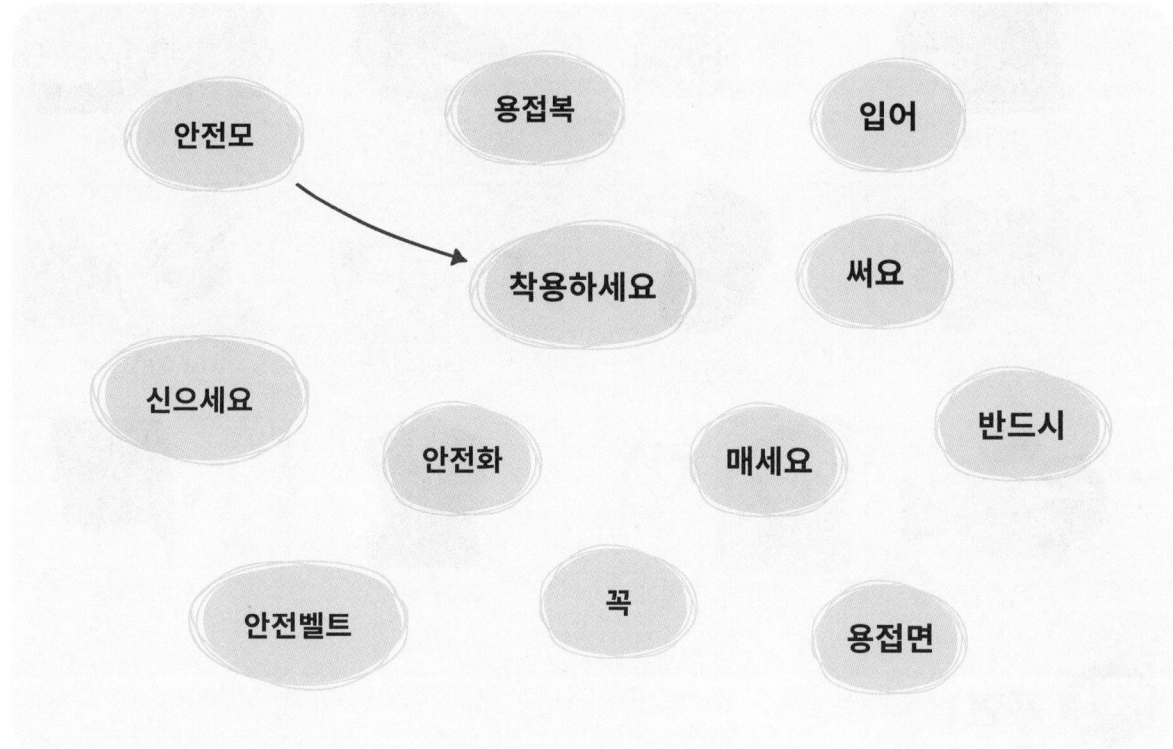

2. 잘 듣고 맞게 연결하세요.  3-2

1) 안전모를 • • 매세요

2) 안전화를 • • 착용하세요

3) 안전벨트를 • • 써요

4) 용접면을 • • 신으세요

5) 용접복을 • • 입어요

 ## 어휘 1

안전 보호구

 용접복　 안전모　 안전화　 안전벨트

 안전 장갑　 용접면　 보안경　 방진마스크

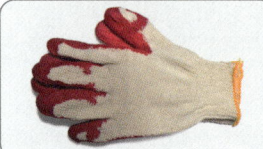 목장갑　 귀마개/귀덮개　 에어 재킷　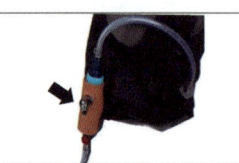 에어 호스

 ## 표현 1

착용하다　착용해요　착용하세요　착용해

N을/를 착용하세요

안전모를 꼭 착용하세요.
안전 장갑을 꼭 착용하세요.
용접면을 반드시 착용하세요.
안전 벨트를 반드시 착용하세요.

[받침 ○] N을
보안면 + 을 = 보안면을
장갑 + 을 = 장갑을

[받침 ×] N를
안전모 + 를 = 안전모를
마스크 + 를 = 마스크를

발음에 주의하세요

용접복[용접뽁]　용접면[용점면]　목장갑[목짱갑]　귀덮개 [귀덥깨]　착용하세요 [차공하세요]
용접면을[용점며늘]　안전 장갑을 [안전 장가블]

 연습1

1. 잘 듣고 맞는 그림을 연결하세요.

 3-3

2. <보기>와 같이 문장을 만들고 말해 보세요.

| <보기> | 안전화 | + | 착용하다 | → | 안전화를 착용하세요. |

		을/를 착용하다	
1)	안전모		➡
2)	용접면		➡
3)	안전 장갑		➡
4)	안전벨트		➡

 어휘2

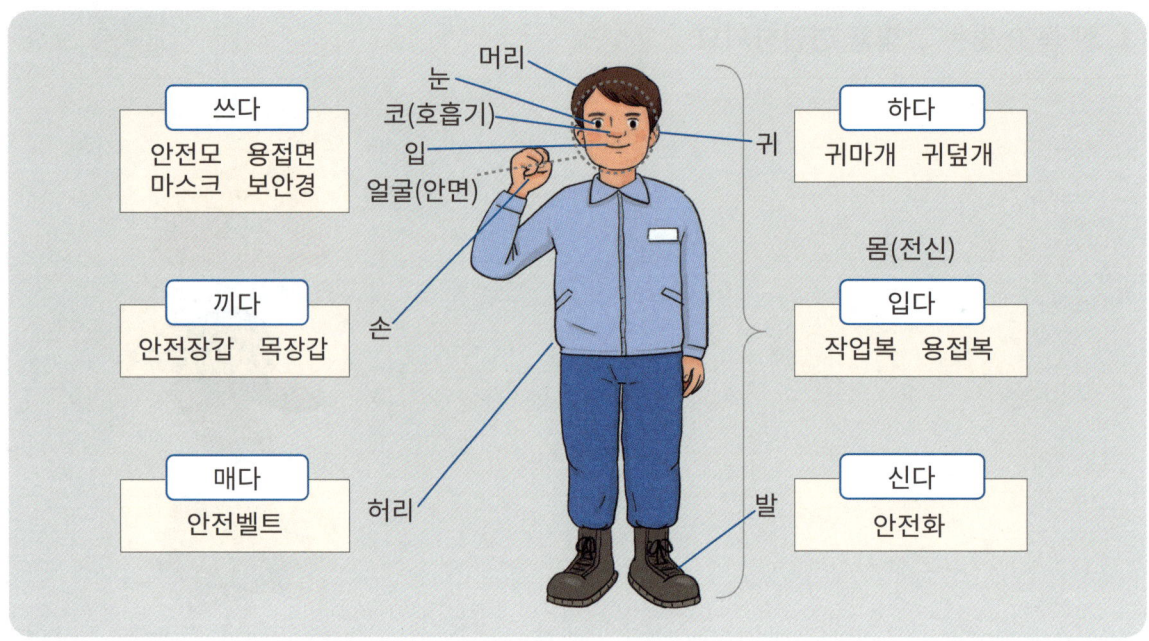

 표현2

	V/A-아요/어요
용접복을 입어요. 안전모를 써요. 안전벨트를 매요. 귀마개를 해요. 안전화를 신어요.	[ㅏ, ㅗ○] V/A-아요 　가다 + 아요 = 가요 　보다 + 아요 = 봐요 [ㅏ, ㅗ×] V/A-어요 　입다 + 어요 = 입어요 　쓰다 + 어요 = 써요 　※ 끼다 → 껴요 [하다] V/A-해요 　착용하다 + 해요 = 착용해요 　용접하다 + 해요 = 용접해요

발음에 주의하세요

입어요[이버요]   신어요[시너요]

 **연습2**

1. <보기>에서 그림에 맞는 단어를 찾아 쓰세요.

<보기>	안전벨트를 매다	마스크를 쓰다
	안전 장갑을 끼다	안전화를 신다

1) 마스크를 써요   2)   3)   4)

2. <보기>와 같이 문장을 만들고 말해 보세요.

| <보기> | 용접복을 + 입다 → 용접복을 입어요. |

1)	용접면을	쓰다	➡
2)	안전 장갑을	끼다	➡
3)	안전화를	신다	➡
4)	안전벨트를	매다	➡

대화해 보세요

1. 다음과 같이 이야기해 보세요.

조장: 2B 작업장으로 이동하세요.
조원: 네.
조장: 안전벨트를 꼭 매세요.
조원: 네, 알겠습니다.

<보기>	안전벨트	매다
1)	안전모	쓰다
2)	안전 장갑	끼다
3)	안전화	신다

2. 위 대화문을 써 보세요.

1)
조장: 2B 작업장으로 이동하세요.
조원: 네.
조장: ( ) 꼭 ( ).
조원: 알겠습니다.

2)
조장: 2B 작업장으로 이동하세요.
조원: 네.
조장: ( ) 꼭 ( ).
조원: 알겠습니다.

3)
조장: 2B 작업장으로 이동하세요.
조원: 네.
조장: ( ) 꼭 ( ).
조원: 알겠습니다.

새 단어	이동하다

 들어 보세요

1. 무엇을 착용해요?

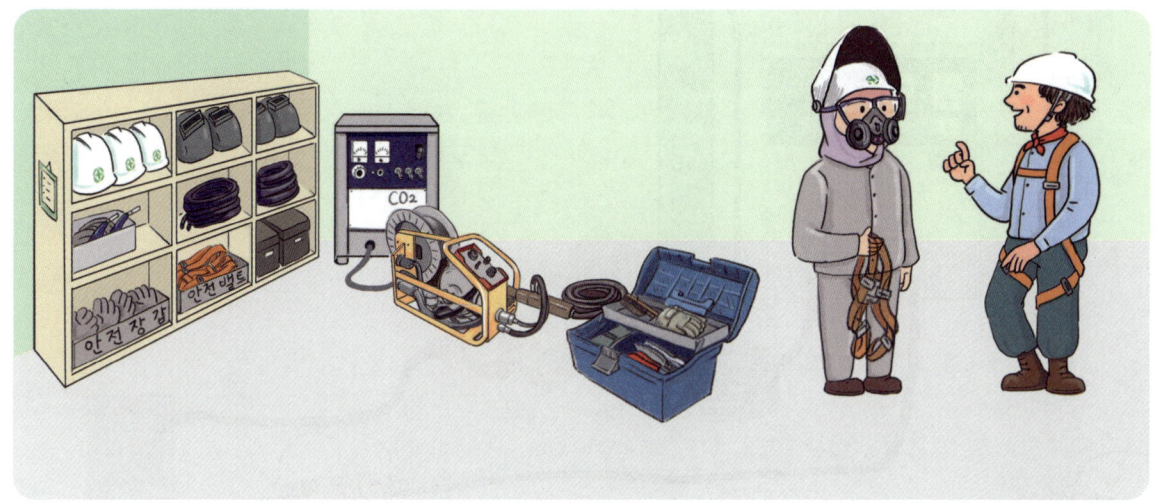

2. 대화를 잘 듣고 질문에 답하세요. 3-5

1) 공구통에 무엇이 있어요?
　① 안전모　　② 용접면　　③ 안전화　　④ 안전 장갑

2) 지금 무엇을 착용해요?
　① 안전화　　② 안전벨트　　③ 안전 장갑　　④ 방진 마스크

 받아쓰세요　　 3-6

1.

2.

3.

4 케이블을 연결하세요

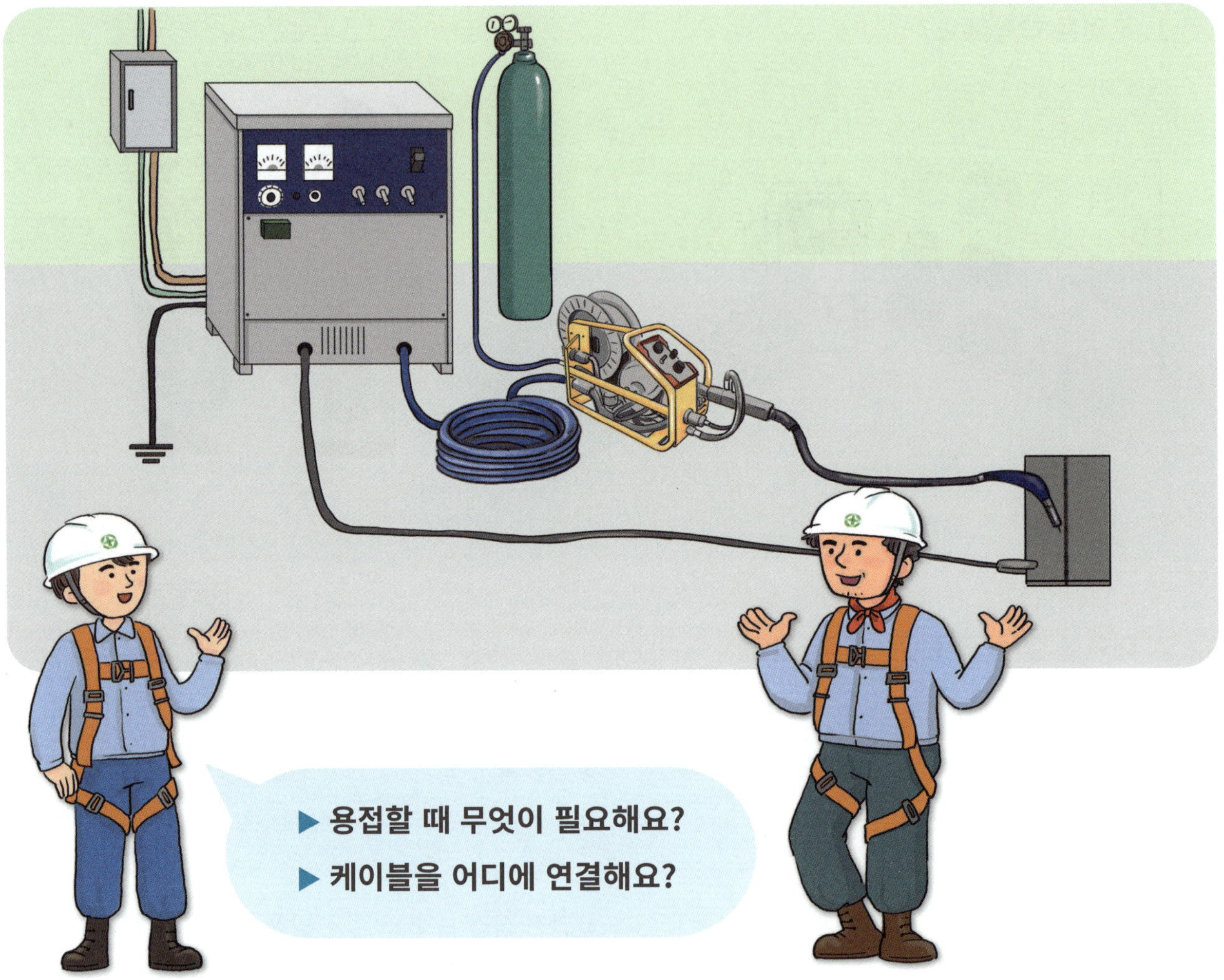

▶ 용접할 때 무엇이 필요해요?
▶ 케이블을 어디에 연결해요?

상황
- 용접 시작 전에 용접케이블을 피더기에 연결한다.

학습 목표
- 용접기에 연결된 케이블을 각각의 위치에 연결할 수 있다.
- 궁금한 것이 있을 때 'V-을까요?'를 사용해 질문할 수 있다.

학습 내용
- 어휘: 용접기에 연결된 케이블, 용접 기계 관련 어휘
- 문법과 표현:
  N에 N을/를 연결하세요
  V-을까요?/ㄹ까요?

학습하기 전에

1. 잘 듣고 순서대로 연결하세요. 4-1

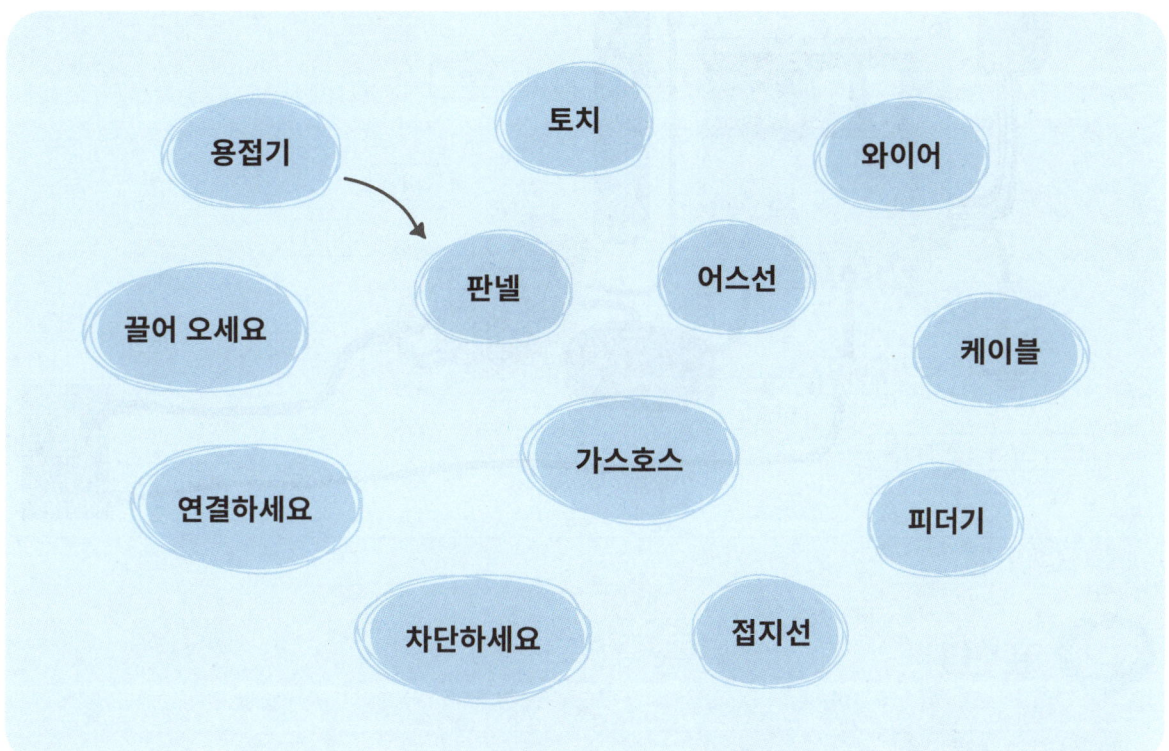

2. 잘 듣고 맞게 연결하세요. 4-2

1) 용접기가 •　　　　　　　　　　　　　• 설치하세요

2) 피더기를 •　　　　　　　　　　　　　• 연결해

3) 접지선에 •　　　　　　　　　　　　　• 있어요?

4) 케이블을 •　　　　　　　　　　　　　• 가져오세요

5) 어스선을 •　　　　　　　　　　　　　• 연결하세요

 어휘 1

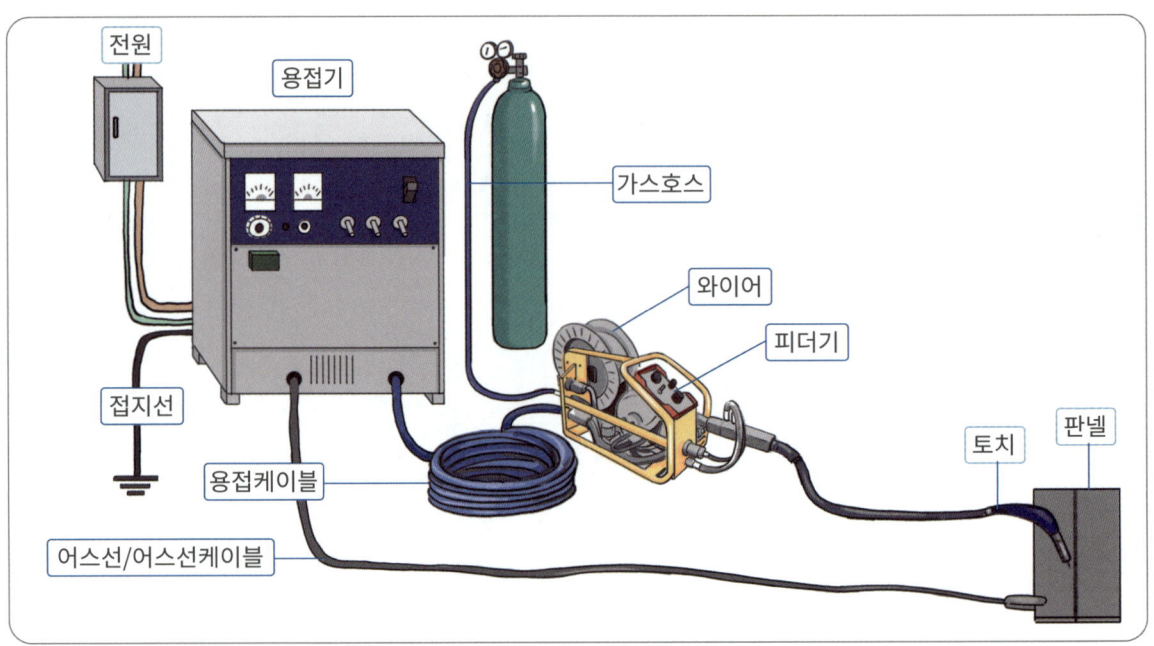

 표현 1

| 연결하다 | 연결해요 | 연결하세요 | 연결해 |

N에 N을/를 연결하세요

용접기에 피더기를 연결하세요. 판넬에 어스선을 연결하세요. 피더기에 토치를 연결하세요. 용접기에 가스호스를 연결하세요. 용접기에 케이블을 연결하세요.	[받침 ○, ×] N에 판넬 + 에 = 판넬에 용접기 + 에 = 용접기에

발음에 주의하세요

용접기[용접끼]   용접선[용접썬]   어스선[어쓰선]   접지선[접찌선]   가스호스[가쓰호쓰]

 **연습1**

1. 잘 듣고 맞는 그림을 연결하세요.

 4-3

1)   2)   3)   4)

2. <보기>와 같이 문장을 만들고 말해 보세요.

<보기> 용접기 + 피더기 + 연결하다 → 용접기에 피더기를 연결하세요.

1)	용접기	케이블	을/를 연결하다 ➡
2)	피더기	토치를	➡
3)	판넬	어스선	➡
4)	용접기	가스호스	➡

 ## 어휘2

(스위치를) 올리다 ↔ 내리다

(전원을) 켜다 ↔ 끄다
ON하다 ↔ OFF하다

(케이블을) 끌고 오다/끌어 오다/가져 오다

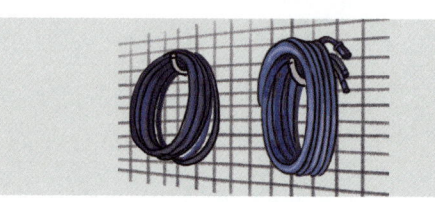
(케이블을) 걸다

(전원을) 차단하다

(버튼을) 누르다

접지선에 접지하다

 ## 표현2

V-을까요?/ㄹ까요?	
전원을 켤까요? 전원을 차단할까요? 어스선을 연결할까요? 접지선에 접지할까요? 케이블을 끌고 올까요?	**[받침 ○] V-을까요?** 닫다 + 을까요? = 닫을까요? 신다 + 을까요? = 신을까요? **[받침 ✕, ㄹ받침] V-ㄹ까요?** 켜다 + ㄹ까요? = 켤까요? 끄다 + ㄹ까요? = 끌까요? 걸다 + ㄹ까요? = 걸까요?

발음에 주의하세요

케이블을[케이브를]　전원을[저눠늘]　버튼을[버트늘]　접시선에[접찌서네]

 연습2

1. <보기>에서 그림에 맞는 단어를 찾아 쓰세요.

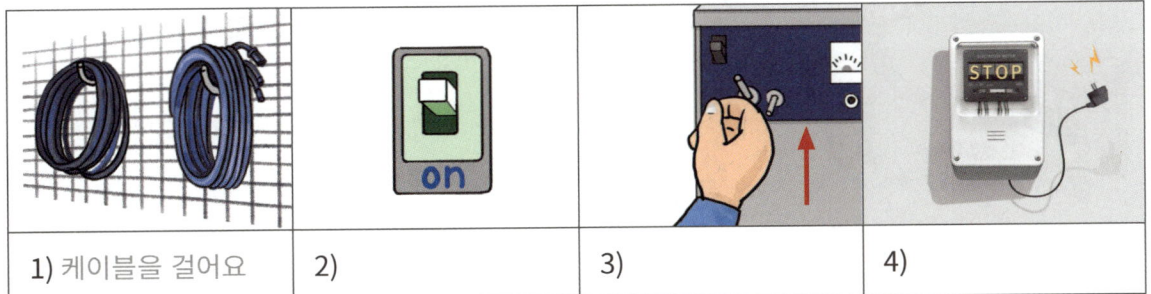

2. 알맞게 연결하고 문장을 완성해 보세요.

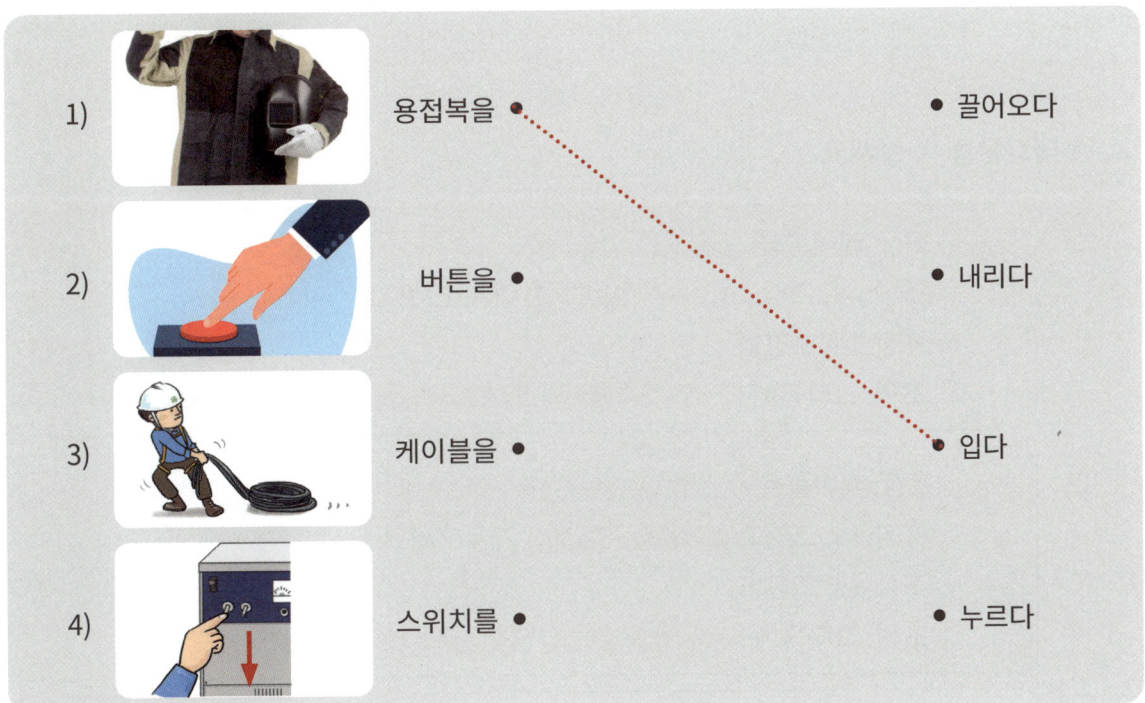

1. 용접복을 입을까요?

2. _____

3. _____

4. _____

대화해 보세요

 4-4

1. 다음과 같이 이야기해 보세요.

조원: 케이블을 연결할까요?
조장: 네, 그리고 피더기를 가져오세요.
조원: 네, 조장님.
조장: 그다음에 용접기에 피더기를 연결하세요.

<보기>	연결하다	피더기	용접기
1)	끌어 오다	와이어	피더기
2)	걸다	토치	피더기
3)	가져오다	어스선	판넬

2. 위 대화문을 써 보세요.

1)
조장: 케이블을 (　　　　)?
조원: 네, 그리고 (　　　　) 가져오세요.
조장: 네, 조장님.
조원: 그다음에 (　　　　) (　　　　) 연결하세요.

2)
조장: 케이블을 (　　　　)?
조원: 네, 그리고 (　　　　) 가져오세요.
조장: 네, 조장님.
조원: 그다음에 (　　　　) (　　　　) 연결하세요.

3)
조장: 케이블을 (　　　　)?
조원: 네, 그리고 (　　　　) 가져오세요.
조장: 네, 조장님.
조원: 그다음에 (　　　　) (　　　　) 연결하세요.

새 단어　그다음에

 들어 보세요

1. 케이블을 어디에 연결해요?

2. 대화를 잘 듣고 질문에 답하세요.

1) 뭐 먼저 해요?
　① 전원을 켜요.　　　　　　　② 전원을 꺼요.
　③ 버튼을 눌러요.　　　　　　④ 전원을 차단해요.

2) 다음에 뭐 해요?
　① OFF해요.　　　　　　　　② 스위치를 내려요.
　③ 케이블을 끌어 와요.　　　④ 접지선에 접지해요.

 받아쓰세요

1. ....

2. ....

3. ....

5 토치를 조립하세요

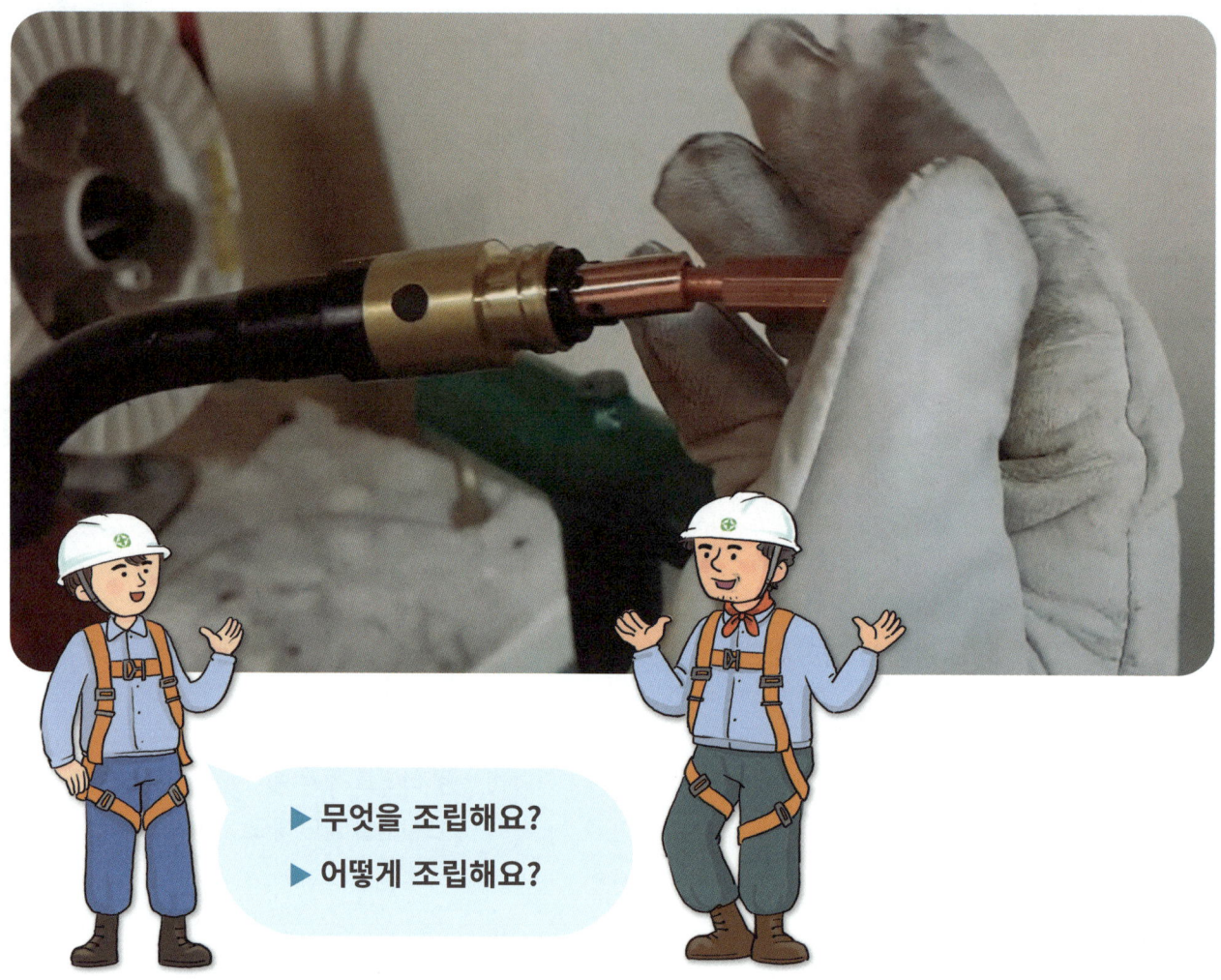

▶ 무엇을 조립해요?
▶ 어떻게 조립해요?

상황	학습 목표	학습 내용
■ 토치를 조립하고, 부품을 교환한다.	■ 토치 부품의 이름을 알고, 각 부품을 교체하는 상황을 설명할 수 있다. ■ 토치 조립 및 교체 과정을 설명할 수 있다.	■ 어휘: 토치 부품, 토치 조립 및 교체 관련 어휘 ■ 문법과 표현: • N을/를 조립하세요/체결하세요 • V/A-았어요/었어요

학습하기 전에

1. 잘 듣고 순서대로 연결하세요. 5-1

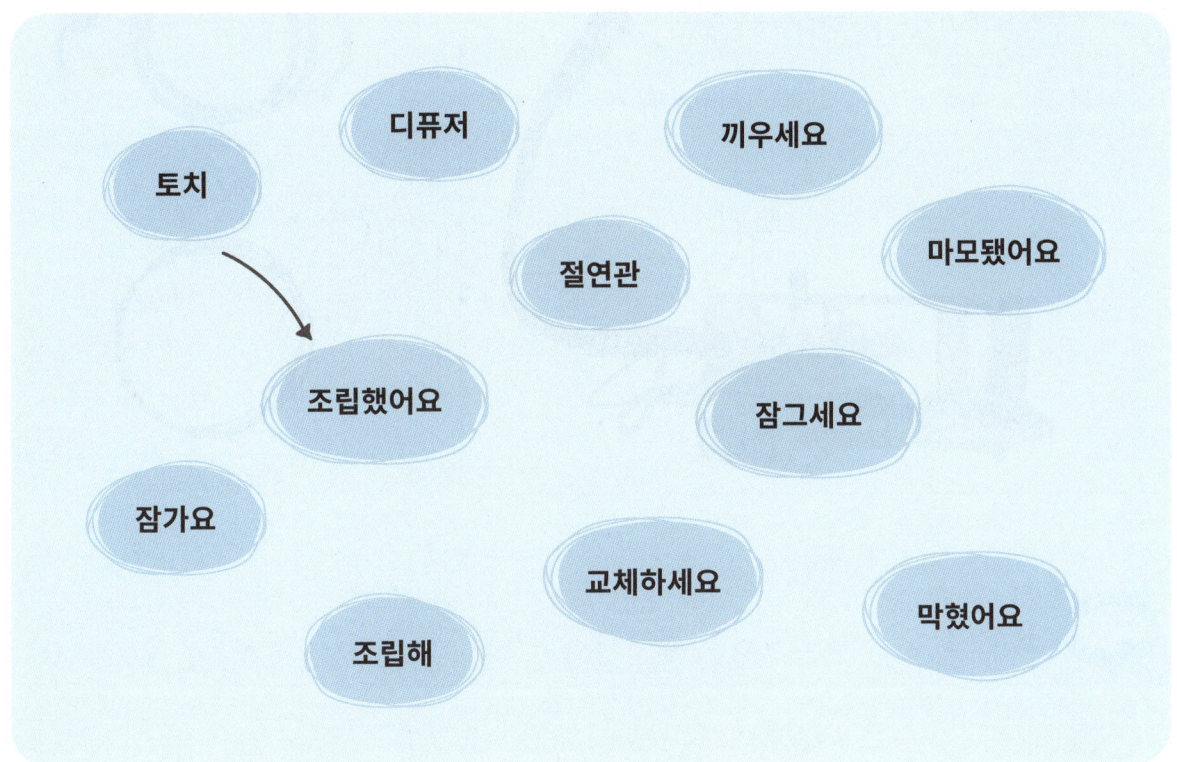

2. 잘 듣고 맞게 연결하세요. 5-2

1) 토치를　　•　　　　　　　　　　　　• 막혔어요

2) 팁이　　•　　　　　　　　　　　　• 끼워요

3) 디퓨저를　　•　　　　　　　　　　　　• 조립했어요

4) 노즐을　　•　　　　　　　　　　　　• 조립하세요

5) 팁에 노즐을　　•　　　　　　　　　　　　• 잠그세요

어휘 1

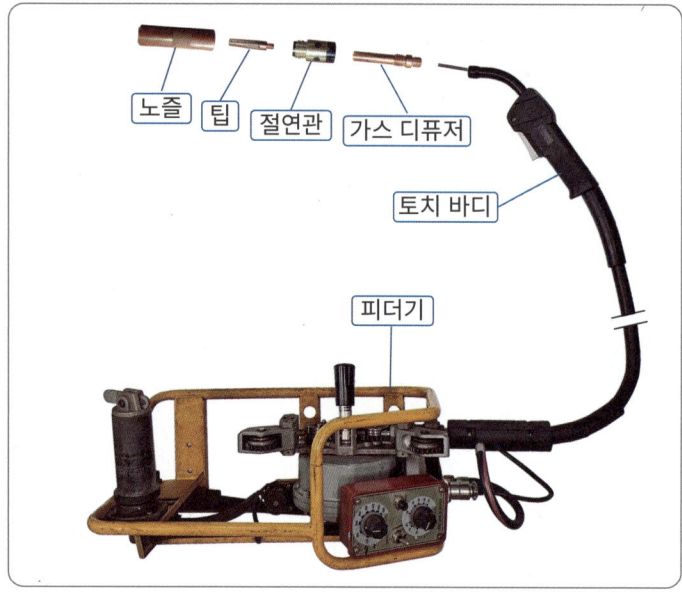

용접 토치

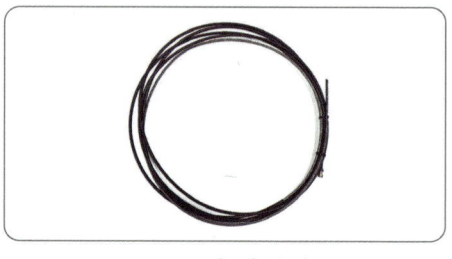

스프링 라이너

표현 1

| 조립하다 | 조립해요 | 조립하세요 | 조립해 |
| 체결하다 | 체결해요 | 체결하세요 | 체결해 |

N을/를 조립하세요/체결하세요

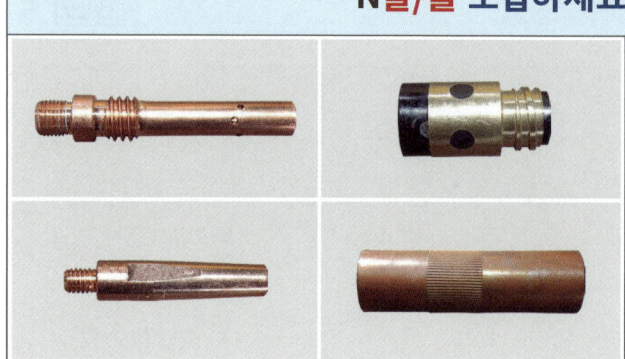

팁을 조립하세요.
노즐을 체결하세요.
절연관을 조립하세요.
가스 디퓨저를 조립하세요.

발음에 주의하세요

절연관[저련관]   조립하다[조리파다]

48 | 용접 한국어

 **연습1**

1. 잘 듣고 맞는 그림을 연결하세요.  5-3

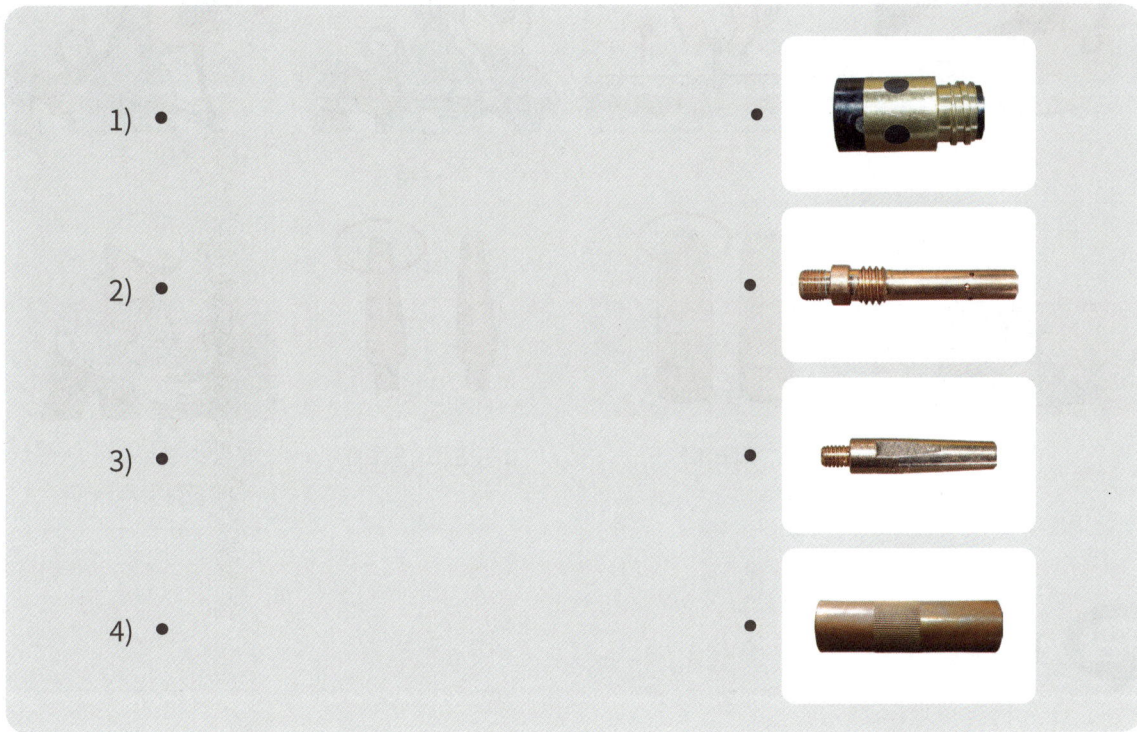

1) •
2) •
3) •
4) •

2. <보기>와 같이 문장을 만들고 말해 보세요.

| <보기> | 피더기에 토치 | + | 조립하다 | → | 피더기에 토치를 조립하세요. |

1)	토치 바디에 가스 디퓨저	을/를 조립하다	➡
2)	가스 디퓨저에 절연관		➡
3)	절연관에 팁	을/를 체결하다	➡
4)	팁에 노즐		➡

 ## 어휘2

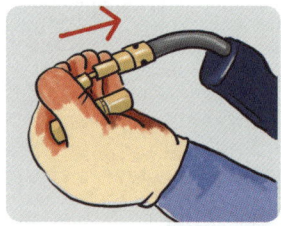			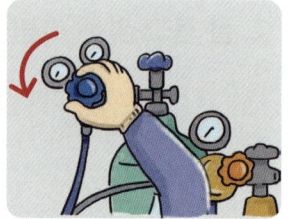
끼우다	빼다	잠그다	풀다
		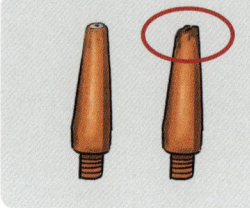	
붙다	막히다	마모되다(닳다)	교체하다/갈아 끼우다 / 교환하다/바꾸다

 ## 표현2

V/A-았어요/었어요	
팁이 마모됐어요. 노즐을 갈아 끼웠어요. 절연관에 팁을 끼웠어요. 절연관에 팁을 체결했어요. 노즐에 스패터가 붙었어요.	[ㅏ,ㅗ○] V/A-**았어요** 　보다 + **았어요** = 봤어요 　닦다 + **았어요** = 닦았어요 ※ 잠그다 → 잠갔어요 [ㅏ,ㅗ✕] V/A-**었어요** 　붙다 + **었어요** = 붙었어요 　마모되다 + **었어요** = 마모됐어요 [하다] V/A-**했어요** 　교체하다 + **했어요** = 교체했어요

발음에 주의하세요

붙다[붇따]　막히다[마키다]　닳다[달타]　갈아 끼우다[가라 끼우다]

 **연습2**

1. <보기>에서 그림에 맞는 단어를 찾아 쓰세요.

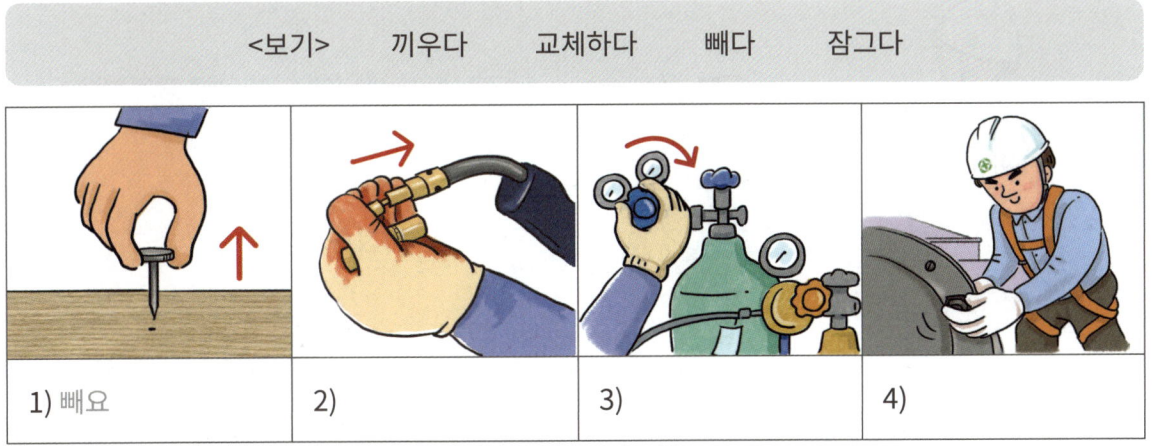

| <보기> | 끼우다 | 교체하다 | 빼다 | 잠그다 |

1) 빼요   2)   3)   4)

2. <보기>와 같이 문장을 만들고 말해 보세요.

| <보기> | 토치를 | + | 조립하다 | → | 토치를 조립했어요. |

1)	절연관을	잠그다	➡
2)	팁이	닳다	➡
3)	노즐을	교체하다	➡
4)	노즐에 슬래그가	붙다	➡

💬 대화해 보세요

1. 다음과 같이 이야기해 보세요.

 5-4

조장: 토치 바디에 디퓨저를 끼웠어요?
조원: 네, 끼웠어요.
조장: 디퓨저를 꽉 잠그세요.
조원: 네, 알겠습니다.

<보기>	토치 바디에 디퓨저를	끼우다	디퓨저를 꽉 잠그다
1)	피더기에 토치를	조립하다	스패터를 확인하다
2)	디퓨저를	체결하다	팁을 끼우다
3)	팁과 노즐을	확인하다	용접을 시작하다

2. 위 대화문을 써 보세요.

1) 조장: (　　　　　　　) (　　　　　)?
   조원: 네, (　　　　　).
   조장: (　　　　　　　　　).
   조원: 네, 알겠습니다.

2) 조장: (　　　　　　　) (　　　　　)?
   조원: 네, (　　　　　).
   조장: (　　　　　　　　　).
   조원: 네, 알겠습니다.

3) 조장: (　　　　　　　) (　　　　　)?
   조원: 네, (　　　　　).
   조장: (　　　　　　　　　).
   조원: 네, 알겠습니다.

새 단어　꽉

 **들어 보세요**

1. 토치를 어떻게 조립해요? 무슨 부품을 교체해요?

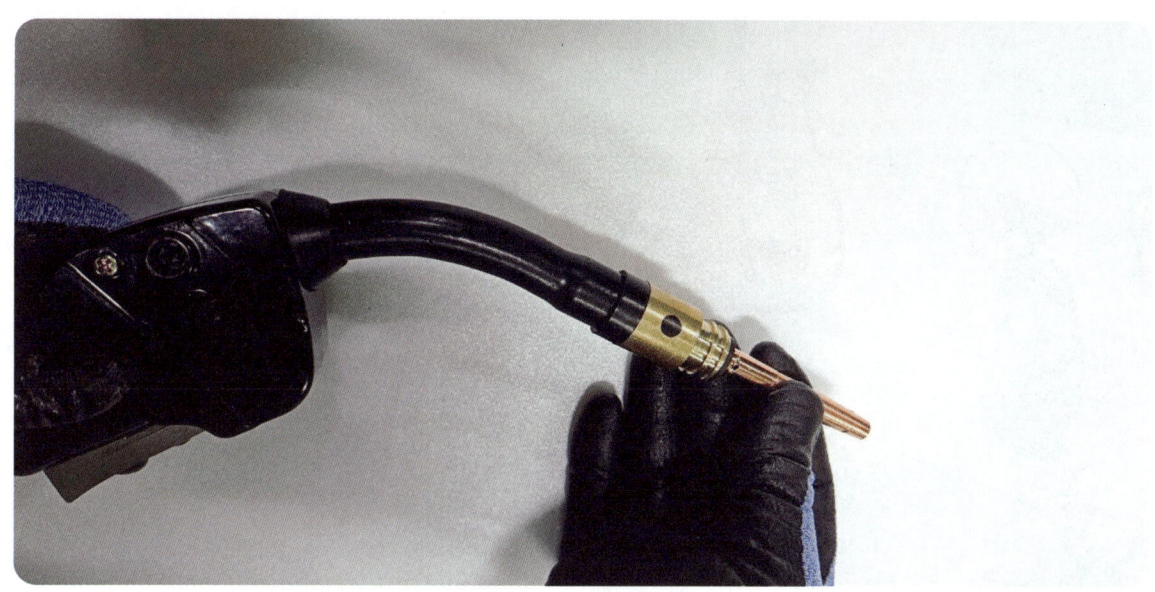

2. 대화를 잘 듣고 질문에 답하세요.  5-5

   1) 무엇을 확인했어요?

     ① 노즐   ② 토치   ③ 피더기   ④ 절연관

   2) 어떤 문제가 있어요?

     ① 팁이 막혔어요.   ② 팁을 교환했어요.
     ③ 토치가 막혔어요.   ④ 토치를 교환했어요.

 **받아쓰세요** 5-6

1. ....

2. ....

3. ....

6 전류와 전압을 확인하세요

▶ 용접기 앞에 뭐가 있어요?
▶ 무엇을 봐요?

상황	학습 목표	학습 내용
■ 용접 시작 전 전류와 전압을 확인한다.	■ 용접기와 피더기 각 부분의 명칭을 알 수 있다. ■ 용접 시작하기 전에 확인해야 할 내용을 듣고 지시를 이행할 수 있다.	■ 어휘: 용접기, 피더기, 와이어 양 관련 어휘 ■ 문법과 표현: • N을/를 확인하세요/체크하세요 • V-는지, A-은지/ㄴ지

학습하기 전에

1. 잘 듣고 순서대로 연결하세요. 6-1

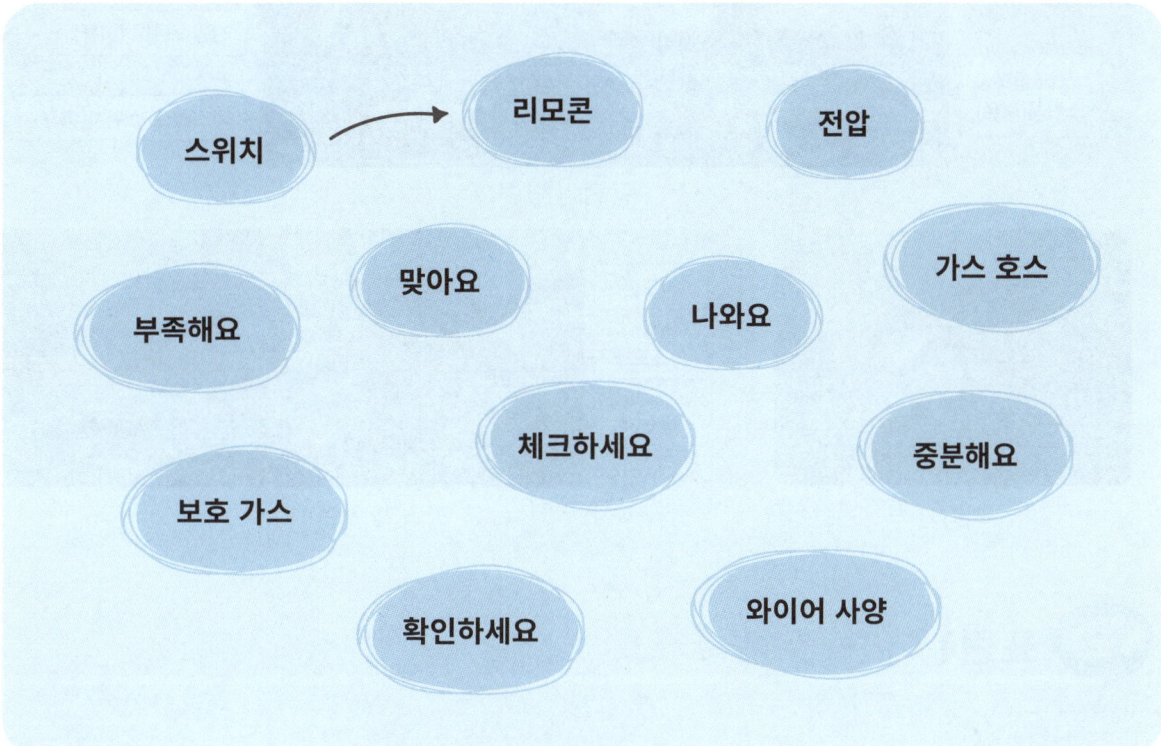

2. 잘 듣고 맞게 연결하세요.  6-2

1) 전류를 • • 안 나와요

2) 전압을 • • 충분해요

3) 보호 가스가 • • 확인하세요

4) 와이어 양이 • • 체크하세요

5) 와이어 사양이 • • 맞아요

 어휘 1

용접기 앞면

피더기   피더기 뒷면

 표현 1

| 확인하다 | 확인해요 | 확인했어요 | 확인하세요 | 확인해 |
| 체크하다 | 체크해요 | 체크했어요 | 체크하세요 | 체크해 |

N을/를 확인하세요

전원을 확인하세요.
어스선을 확인하세요.
가스 호스를 체크하세요.
전류와 전압을 체크하세요.
용접특성 스위치를 확인하세요.

발음에 주의하세요

용접기[용접끼] 앞면[암면] 뒷면[뒨면] 전류[절류] 전압[저납] 확인하다[화긴하다]

56 | 용접 한국어

 연습1

1. 잘 듣고 맞는 그림을 연결하세요.

 6-3

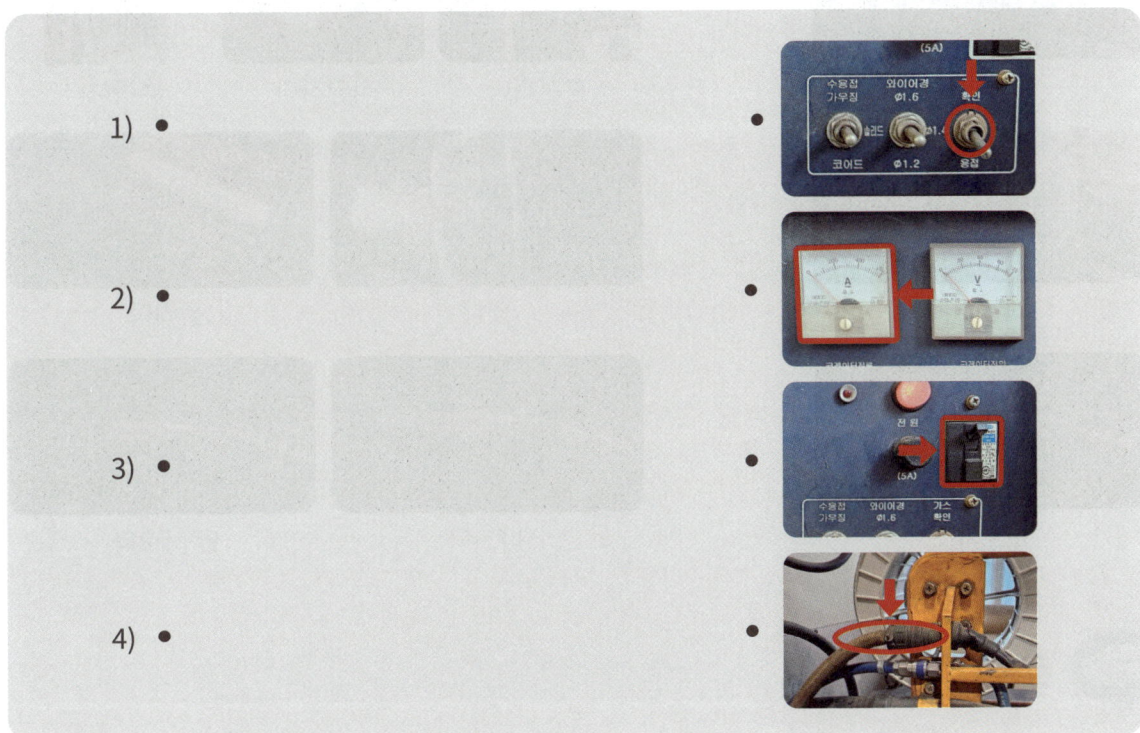

1) •
2) •
3) •
4) •

2. <보기>와 같이 문장을 만들고 말해 보세요.

| <보기> | 전원 + 확인하다 → 전원을 확인하세요. |

1)	전압	을/를 확인하다	➡
2)	와이어		➡
3)	토치선	을/를 체크하다	➡
4)	가스호스		➡

 ## 어휘2

와이어 + 양

충분하다

적당하다   부족하다

와이어 + 사양

맞다

틀리다

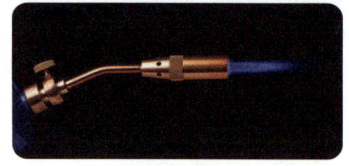
보호가스

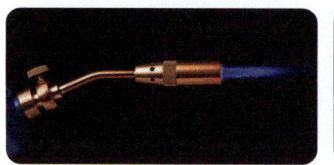
나오다   안 나오다

 ## 표현2

V-는지 A-은지/ㄴ지	
팁와이어가 있는지 확인하세요. 보호 가스가 나오는지 체크하세요. 와이어 사양이 맞는지 확인하세요. 와이어 양이 적당한지 체크하세요. 전원을 껐는지 체크하세요.	**[받침 ○, ╳] V-는지** 맞다 + 는지 = 맞는지 나오다 + 는지 = 나오는지 **A-은지/ㄴ지** **[받침 ○]** 많다 + 은지 = 많은지 **[받침 ╳]** 적당하다 + ㄴ지 = 적당한지 **있다[없다]-는지** 있다 + 는지 = 있는지 없다 + 는지 = 없는지

발음에 주의하세요

적당하다[적땅하다]   부족하다[부조카다]   맞다[맏따]   보호가스[보호가쓰]

 **연습2**

1. <보기>에서 그림에 맞는 단어를 찾아 쓰세요.

| <보기> | 맞다 | 나오다 | 부족하다 | 충분하다 |

1+2=3			
1) 맞아요	2)	3)	4)

2. <보기>와 같이 문장을 만들고 말해 보세요.

| <보기> | 와이어가 있다 + 확인하다 → 와이어가 있는지 확인하세요. |

1)	와이어 사양이 맞다	-는지/은지/ㄴ지 확인하다	➡
2)	보호 가스가 나오다		➡
3)	와이어 양이 적당하다	-는지/은지/ㄴ지 체크하다	➡
4)	케이블을 연결했다		➡

대화해 보세요

1. 다음과 같이 이야기해 보세요.

 6-4

조장: 전원을 확인하세요.
조원: 네, 확인했어요.
조장: 와이어 사양이 맞는지 체크했어요?
조원: 네, 체크했어요.

<보기>	전원	와이어 사양이 맞다
1)	어스선	와이어 양이 적당하다
2)	토치선	보호 가스가 나오다
3)	가스	어스선을 연결했다

2. 위 대화문을 써 보세요.

1) 조장: (　　　　　　) 확인하세요.
   조원: 네, 확인했어요.
   조장: (　　　　　　　　　) 체크했어요?
   조원: 네, 체크했어요.

2) 조장: (　　　　　　) 확인하세요.
   조원: 네, 확인했어요.
   조장: (　　　　　　　　　) 체크했어요?
   조원: 네, 체크했어요.

3) 조장: (　　　　　　) 확인하세요.
   조원: 네, 확인했어요.
   조장: (　　　　　　　　　) 체크했어요?
   조원: 네, 체크했어요.

 들어 보세요

1. 지금 무엇을 확인해요?

2. 대화를 잘 듣고 질문에 답하세요. 6-5

   1) 무엇을 확인했어요?

      ① 전원   ② 리모콘   ③ 가스 호스   ④ 전류와 전압

   2) 무엇이 충분해요?

      ① 안전화   ② 케이블   ③ 와이어 양   ④ 가스 디퓨저

 받아쓰세요 6-6

1. ....

2. ....

3. ....

7 와이어를 장착하세요

▶ 피더기에 와이어를 어떻게 장착해요?
▶ 토치의 와이어가 길어요. 어떻게 해요?

상황	학습 목표	학습 내용
■ 와이어를 장착하고 토치까지 송급한다.	■ 피더기 부품 명칭과 장착할 때 사용하는 공구 이름을 말할 수 있다. ■ 피더기에서 토치까지 와이어 송급 과정을 설명할 수 있다.	■ 어휘: 와이어 송급장치 부품, 와이어 조립 관련 공구 어휘 ■ 문법과 표현: • N을/를 장착하세요. • N으로/로(도구)

학습하기 전에

1. 잘 듣고 순서대로 연결하세요. 7-1

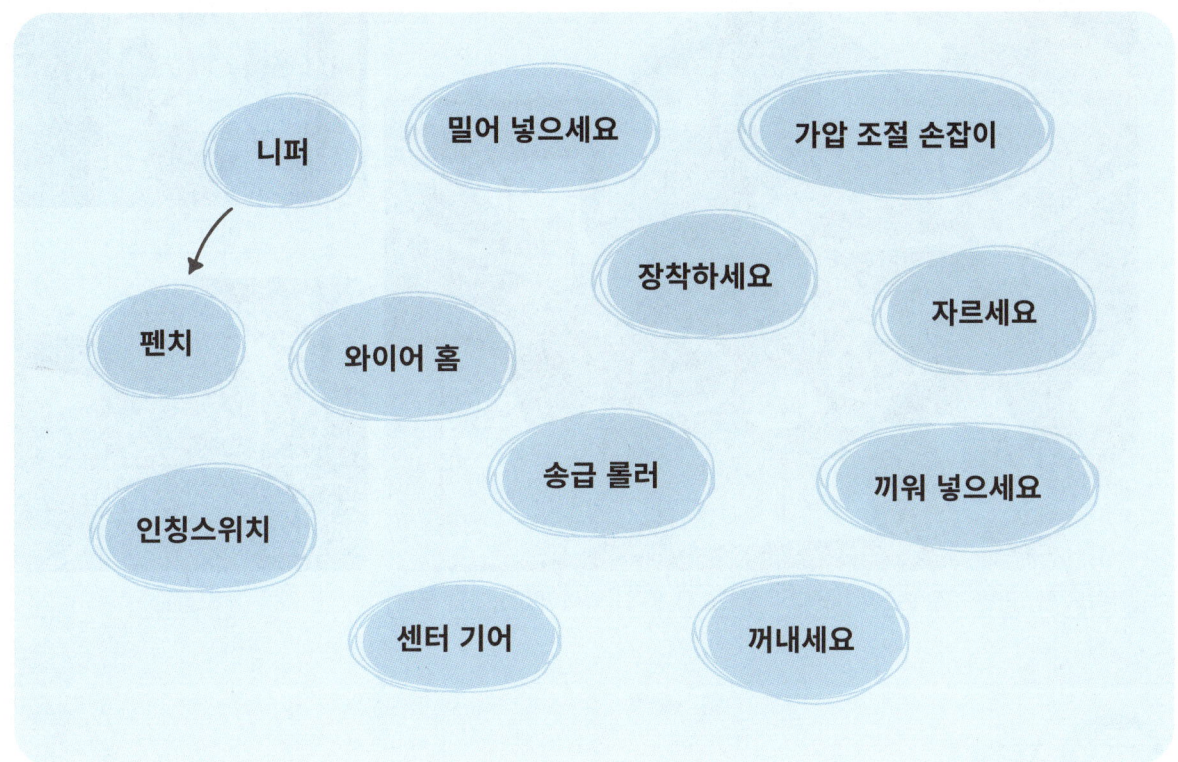

2. 잘 듣고 맞게 연결하세요. 7-2

1) 와이어를 •   • 끼우세요

2) 니퍼로 •   • 장착하세요

3) 펜치로 •   • 구부리세요

4) 송급 롤러에 •   • 자르세요

5) 와이어 홈에 •   • 밀어 넣으세요

어휘 1

가이드 핀 | 가압 조절 손잡이 | 센터 기어 | 송급 롤러 | 와이어 홈 | 가압 유닛

인칭스위치

고정핀

표현 1

| 장착하다 | 장착해요 | 장착했어요 | 장착하세요 | 장착해 |

N을/를 장착하세요

와이어 홈
와이어 장착방향

가이드 핀을 장착하세요.
토치에 와이어를 장착하세요.
송급롤러에 와이어를 장착하세요.
피더기에 와이어를 장착하세요.
피더기에 토치를 장착하세요.

발음에 주의하세요

손잡이[손자비]   가압 유닛[가암뉴닏]   홈에[호메]   송급 롤러[송금놀러]

64 | 용접 한국어

 **연습1**

1. 잘 듣고 맞는 그림을 연결하세요.

 7-3

1) •
2) •
3) •
4) •

2. <보기>와 같이 문장을 만들고 말해 보세요.

<보기>　피더기에 토치　+　장착하다　→　피더기에 토치를 장착하세요.

1)	피더기에 토치	을/를 장착하다	➡
2)	송급롤러에 와이어		➡
3)	가이드 핀에 와이어		➡
4)	와이어 홈에 와이어		➡

 ## 어휘2

니퍼
자르다/절단하다

펜치
끊다/구부리다

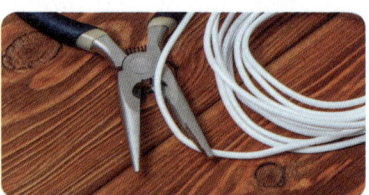
플라이어
펴다

스패너, 볼트
조이다/풀다/볼팅하다

전동드릴
뚫다

망치
두드리다/박다

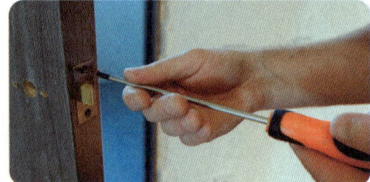
드라이버, 나사
돌리다

(와이어를 안으로)
밀어 넣다/끼워 넣다

(와이어를 토치 밖으로)
꺼내다

 ## 표현2

N으로/로	
와이어를 니퍼로 자르세요. 볼트를 스패너로 볼팅하세요. 못을 망치로 두드리세요. 나사를 드라이버로 돌리세요. 와이어를 손으로 밀어 넣으세요.	**[받침 ○] N으로** 손 + 으로 = 손으로 장갑 + 으로 = 장갑으로 **[받침 ×, ㄹ받침] N로** 망치 + 로 = 망치로 니퍼 + 로 = 니퍼로

발음에 주의하세요

절단하다[절딴하다]   끊다[끈타]   뚫다[뚤타]   박다[박따]   안으로[아느로]

밖으로[바끄로]   넣다[너타]

 연습2

1. 그림을 보고 알맞게 연결하세요.

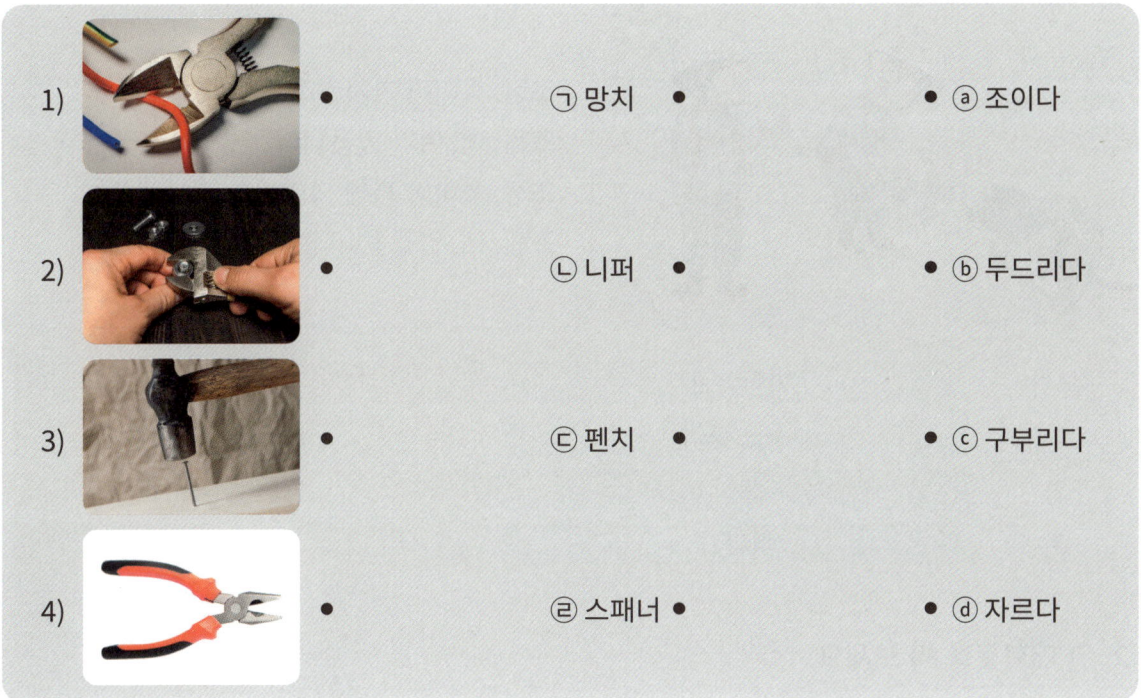

2. <보기>와 같이 문장을 만들고 말해 보세요.

| <보기> | 와이어 + 니퍼 + 자르다 → 와이어를 니퍼로 자르세요. |

1)	나사	드라이버	돌리다	➡
2)	구멍	전동드릴	뚫다	➡
3)	볼트	스패너	조이다	➡
4)	와이어	손	밀어 넣다	➡

대화해 보세요

1. 다음과 같이 이야기해 보세요.

7-4

조장: 와이어 가져왔어요?
조원: 네, 여기 있습니다.
조장: 와이어 홈에 와이어를 끼우세요.
조원: 네, 알겠습니다.

<보기>	와이어 홈	끼우다
1)	송급 롤러	끼워 넣다
2)	토치	밀어 넣다
3)	피더기	장착하다

2. 위 대화문을 써 보세요.

1)
조장: 와이어 가져왔어요?
조원: 네, 여기 있습니다.
조장: (　　　　　) 와이어를 (　　　　　).
조원: 네, 알겠습니다.

2)
조장: 와이어 가져왔어요?
조원: 네, 여기 있습니다.
조장: (　　　　　) 와이어를 (　　　　　).
조원: 네, 알겠습니다.

3)
조장: 와이어 가져왔어요?
조원: 네, 여기 있습니다.
조장: (　　　　　) 와이어를 (　　　　　).
조원: 네, 알겠습니다.

 들어 보세요

1. 와이어가 너무 길어요. 어떻게 해요?

2. 대화를 잘 듣고 질문에 답하세요. 7-5

1) 무엇을 장착했어요?
　① 니퍼　　　② 와이어　　　③ 전동드릴　　　④ 인칭스위치

2) 와이어를 어떻게 해요?
　① 펜치로 끊어요.　　　② 니퍼로 잘라요.
　③ 망치로 두드려요.　　④ 스패너로 조여요.

 받아쓰세요　 7-6

1. ....

2. ....

3. ....

새 단어	너무

8 전류와 전압을 조절하세요

▶ 무엇을 조절해요?
▶ 전압이 높으면 어떻게 해요?

상황	학습 목표	학습 내용
■ 용접 전에 가스 유량과 전류·전압을 조절한다.	■ 가스 조절 관련 어휘를 알아듣고 설명할 수 있다. ■ 작업 상황에 따라 전류와 전압을 조절할 수 있다.	■ 어휘: CO_2 용기 조정기, 피더기 관련 어휘 ■ 문법과 표현: • N을/를 조절하세요 • V-고

70 | 용접 한국어

학습하기 전에

1. 잘 듣고 순서대로 연결하세요. 8-1

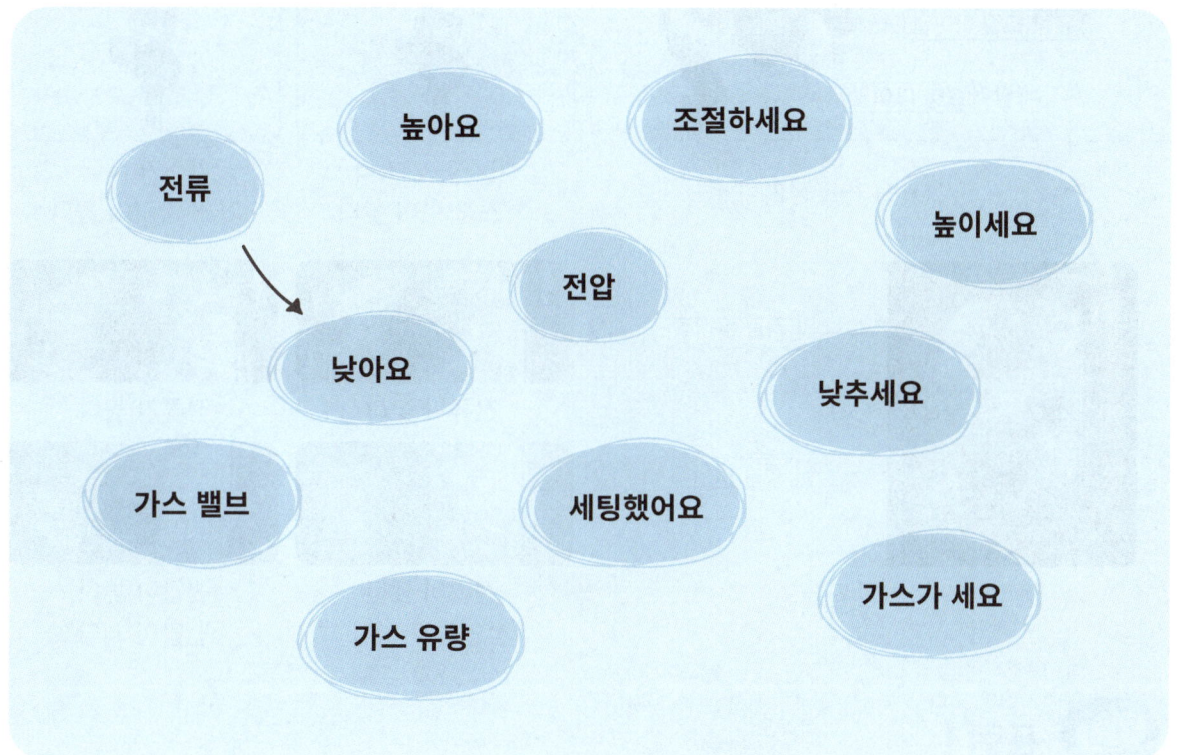

2. 잘 듣고 맞게 연결하세요. 8-2

1) 가스 밸브를 •　　　　　　　　　　　　• 낮추세요

2) 가스 유량을 •　　　　　　　　　　　　• 조절하세요

3) 전류가 •　　　　　　　　　　　　• 높아요

4) 전압을 •　　　　　　　　　　　　• 세팅하세요

5) 전류와 전압을 •　　　　　　　　　　　　• 여세요

 ## 어휘 1

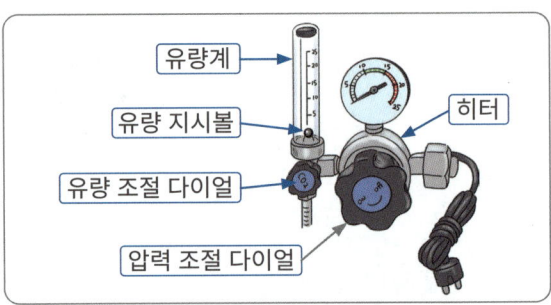

CO_2 용기 조정기

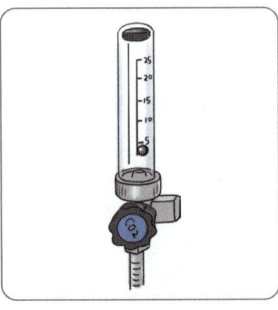

가스가 약하다
가스 압력이 낮다

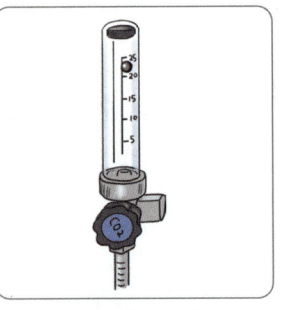

가스가 세다
가스 압력이 높다

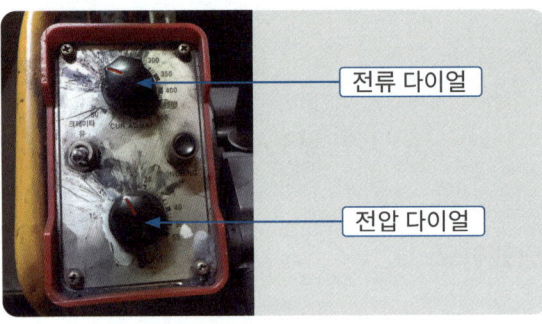

피더기 컨트롤러

전류가 낮다

전류가 높다

전압이 낮다
전압이 약하다

전압이 높다
전압이 세다

 ## 표현 1

| 조절하다 | 조절해요 | 조절했어요 | 조절하세요 | 조절해 |
| 세팅하다 | 세팅해요 | 세팅했어요 | 세팅하세요 | 세팅해 |

N을/를 조절하세요

전압을 조절하세요.

가스 유량을 조절하세요.

전류와 전압을 세팅하세요.

전류를 조절하세요.

(=전기를 조절하세요.)

발음에 주의하세요

조절하다[조저라다]   전류[절류]   압력[암녁]   전압[저납]   약하다[야카다]   높다[놉따]

72 | 용접 한국어

 **연습1**

1. 잘 듣고 맞는 그림을 연결하세요.  8-3

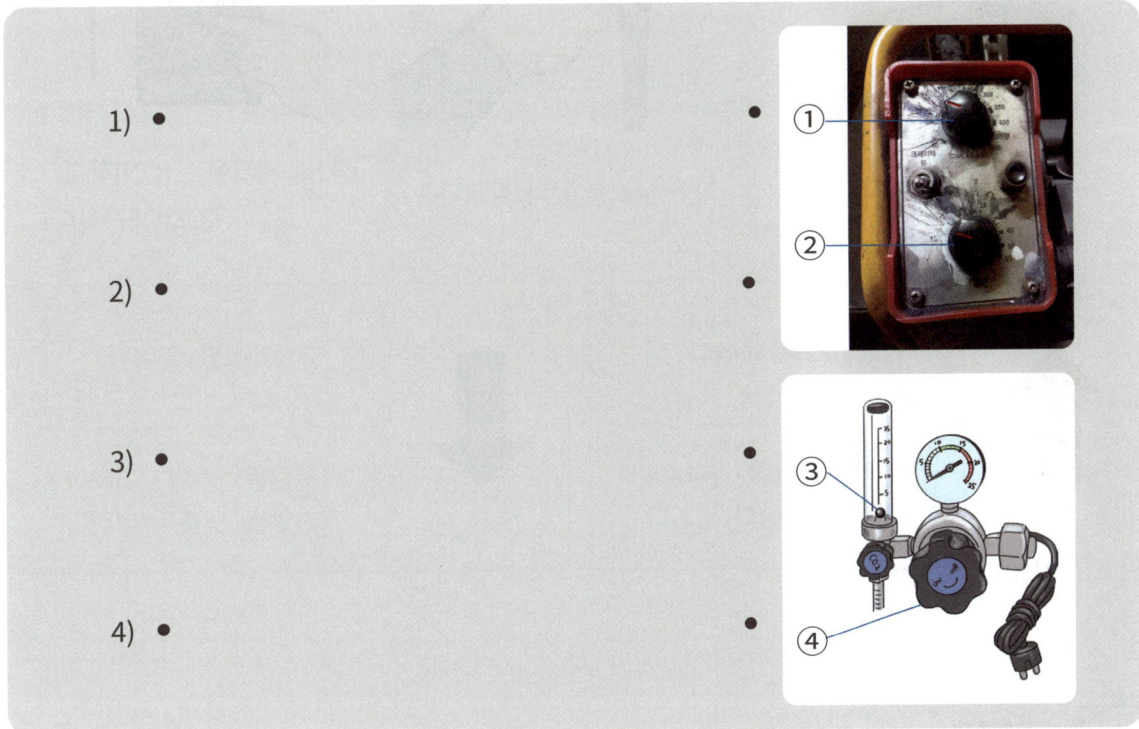

1) •

2) •

3) •

4) •

2. <보기>와 같이 문장을 만들고 말해 보세요.

| <보기> | 가스 유량 + 조절하다 → 가스 유량을 조절하세요. |

		을/를 조절하다	
1)	전류		➡
2)	전압		➡
3)	전류와 전압	을/를 세팅하다	➡
4)	가스 유량과 전기		➡

용접편 | 73

 ## 어휘2

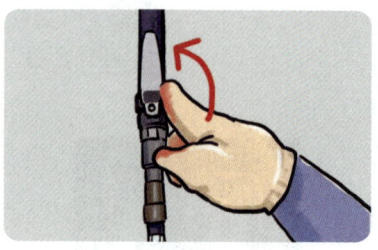
가스 밸브를 열다

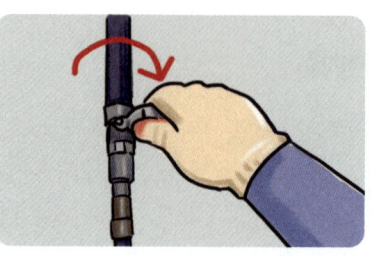
가스 밸브를 닫다/잠그다

가스 체크를 온(ON)하다/
오프(OFF)하다

	(가스를) 올리다
	(전류를) 높이다/올리다 (전압을) 높이다/올리다

	(가스를) 줄이다
	(전류를) 낮추다/내리다 (전압을) 낮추다/내리다

 ## 표현2

V-고	
전압을 낮추고 용접하세요. 전기를 조절하고 용접하세요. 전류와 전압을 조절하고 용접하세요. 밸브를 열고 가스 유량을 확인하세요. 가스 유량을 체크하고 전류와 전압을 세팅하세요.	[받침 ○, ✕] V-고 닫다 + 고 = 닫고 열다 + 고 = 열고 세팅하다 + 고 = 세팅하고 올리다 + 고 = 올리고

발음에 주의하세요

전압을[저나블]   줄이다[주리다]   높이다[노피다]   낮추다[낟추다]

 **연습2**

1. <보기>에서 그림에 맞는 단어를 찾아 쓰세요.

<보기>　전류를 높이다　전압을 내리다　가스 밸브를 닫다　가스 밸브를 열다

1) 전류를 높여요	2)	3)	4)

2. <보기>와 같이 문장을 만들고 말해 보세요.

<보기>　전기를 조절하다　+　용접하다　→　전기를 조절하고 용접하세요.

1)	전압을 낮추다	용접하다	➡
2)	전류를 높이다	용접하다	➡
3)	가스 유량을 조절하다	전기를 세팅하다	➡
4)	가스 체크 버튼을 누르다	가스 유량을 조절하다	➡

대화해 보세요

1. 다음과 같이 이야기해 보세요.  8-4

조장: 전원을 켰어요?
조원: 네, 켰어요.
조장: 전류와 전압을 조절하고 용접하세요.
조원: 네, 알겠습니다.

<보기>	전류와 전압을 조절하다	용접하다
1)	가스 밸브를 열다	가스 유량을 확인하다
2)	가스 유량을 조절하다	가스 체크 버튼을 오프하세요
3)	전류와 전압을 세팅하다	용접하다

2. 위 대화문을 써 보세요.

1)
조장: 전원을 켰어요?
조원: 네, 켰어요.
조장: (　　　　　　　) (　　　　　　　　　　).
조원: 네, 알겠습니다.

2)
조장: 전원을 켰어요?
조원: 네, 켰어요.
조장: (　　　　　　　) (　　　　　　　　　　).
조원: 네, 알겠습니다.

3)
조장: 전원을 켰어요?
조원: 네, 켰어요.
조장: (　　　　　　　) (　　　　　　　　　　).
조원: 네, 알겠습니다.

 들어 보세요

1. 가스 유량을 어떻게 조절해요?

2. 대화를 잘 듣고 질문에 답하세요.  8-5

   1) 무엇을 확인했어요.

      ① 전압   ② 전류   ③ 와이어   ④ 가스 유량

   2) 전류를 어떻게 조절해요?

      ① 열어요.   ② 닫아요.   ③ 낮춰요.   ④ 높여요.

 받아쓰세요 8-6

1. ....

2. ....

3. ....

9 작업장 환경을 점검하세요

▶ 작업 환경이 어때요?
▶ 문제가 있으면 어떻게 해야 돼요?

상황	학습 목표	학습 내용
■ 용접 작업 전 현장 상황을 점검한다.	■ 용접 작업 전에 작업장 환경을 점검할 수 있다. ■ 작업 전 주의 사항을 설명할 수 있다.	■ 어휘: 작업장 환경 어휘, 작업 전 주의사항 관련 어휘 ■ 문법과 표현: • N을/를 점검하세요 • V/A-을/ㄹ 때는

학습하기 전에

1. 잘 듣고 순서대로 연결하세요. 9-1

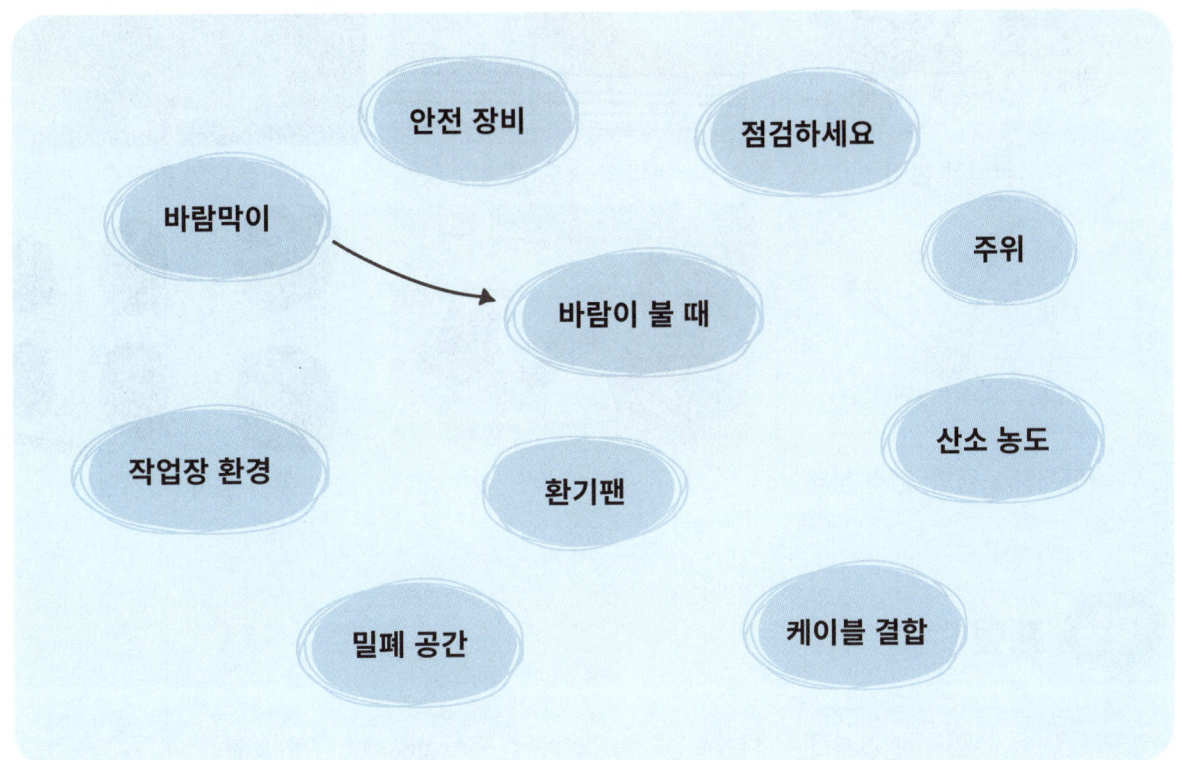

2. 잘 듣고 맞게 연결하세요.  9-2

1) 작업장 환경을 •   • 점검하세요

2) 이동할 때는 •

3) 안전 장비를 •   • 바람막이를 설치하세요

4) 환기 장치를 •

5) 바람이 불 때는 •   • 주위를 확인하세요

어휘 1

작업장 환경

바람의 속도(풍속)

온도와 습도

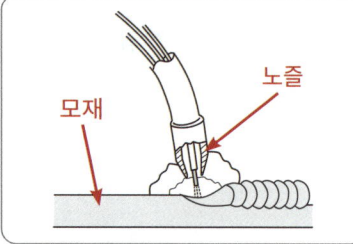
(모재와 노즐의) 청결 상태

안전 장비

환기 장치 (환기팬)

표현 1

점검하다   점검해요   점검했어요   점검하세요   점검해

N을/를 점검하세요

작업장 환경을 점검하세요.
온도와 습도를 점검하세요.
청결 상태를 점검하세요.
안전 장비를 점검하세요.
환기 장치를 점검하세요.

발음에 주의하세요

작업장 환경[자겁짱환경]   속도[속또]   습도[습또]

 **연습1**

1. 잘 듣고 맞는 그림을 연결하세요.

 9-3

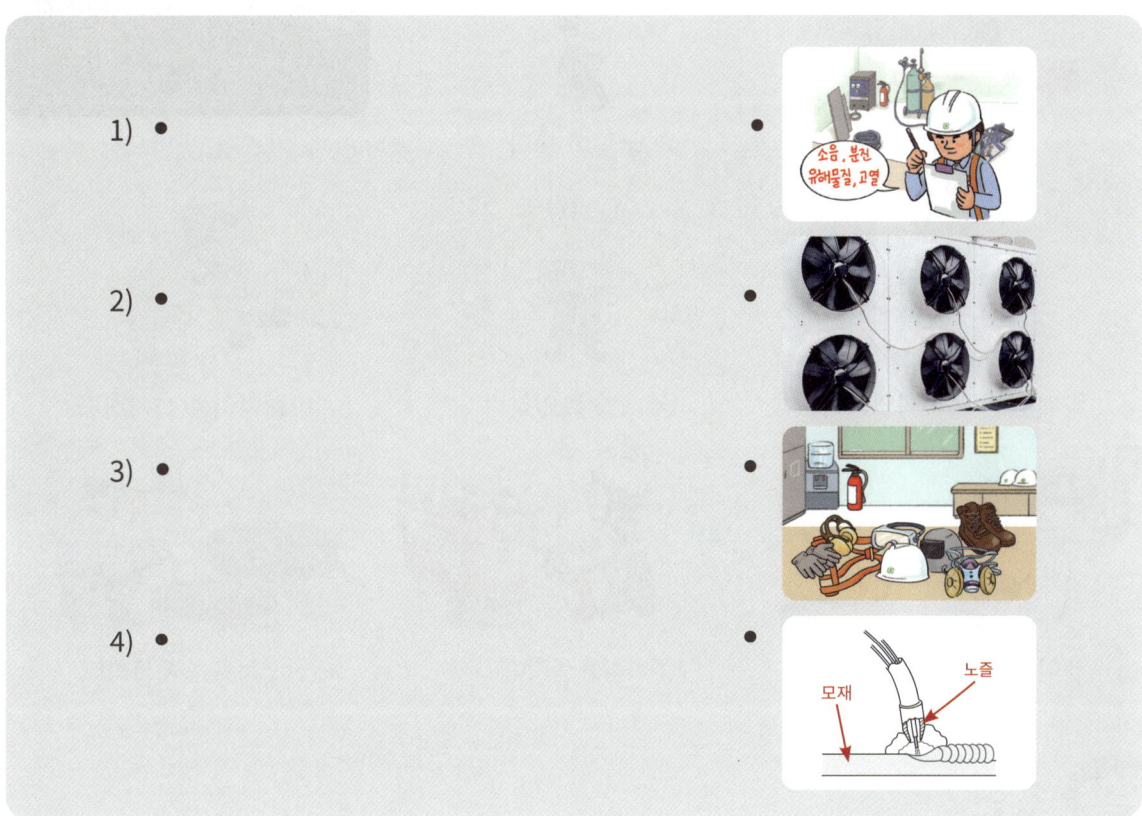

1) •
2) •
3) •
4) •

2. <보기>와 같이 문장을 만들고 말해 보세요.

<보기>　　안전 장비　+　점검하다　→　안전 장비를 점검하세요.

		을/를 점검하다	
1)	환기 장치		➡
2)	작업장 환경		➡
3)	바람의 속도		➡
4)	모재의 청결 상태		➡

9과

용접편 | 81

 ## 어휘2

이동하다

바람이 불다

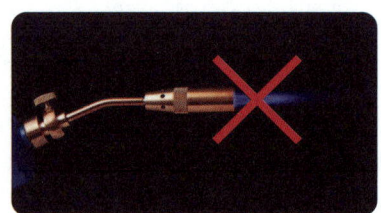
가스가 안 나오다

밀폐 공간에서 작업하다

주위를 확인하다

바람막이를 설치하다

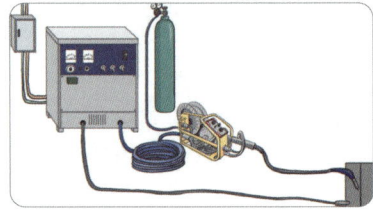
케이블 결합을 확인하다

바람을 등지다

산소농도를 체크하다

 ## 표현2

V/A-을/ㄹ 때는

이동할 때는 주위를 확인하세요.
작업할 때는 바람을 등지고 하세요.
바람이 불 때는 바람막이를 설치하세요.
가스가 안 나올 때는 케이블 결합을 확인하세요.
밀폐 공간에서 작업할 때는 산소농도를 체크하세요.

[받침 ○] V/A-을 때는
 있다 + 을 때는 = 있을 때는
 닫다 + 을 때는 = 닫을 때는

[받침 ✕, ㄹ받침] V/A-ㄹ 때는
 나오다 + ㄹ 때는 = 나올 때는
 작업하다 + ㄹ 때는 = 작업할 때는
 불다 + ㄹ 때는 = 불 때는

발음에 주의하세요

바람이[바라미] 작업하다[자거파다] 바람막이[바람마기] 확인하다[화긴하다]
결합을[겨라블]

 **연습2**

1. 그림을 보고 알맞게 연결하세요.

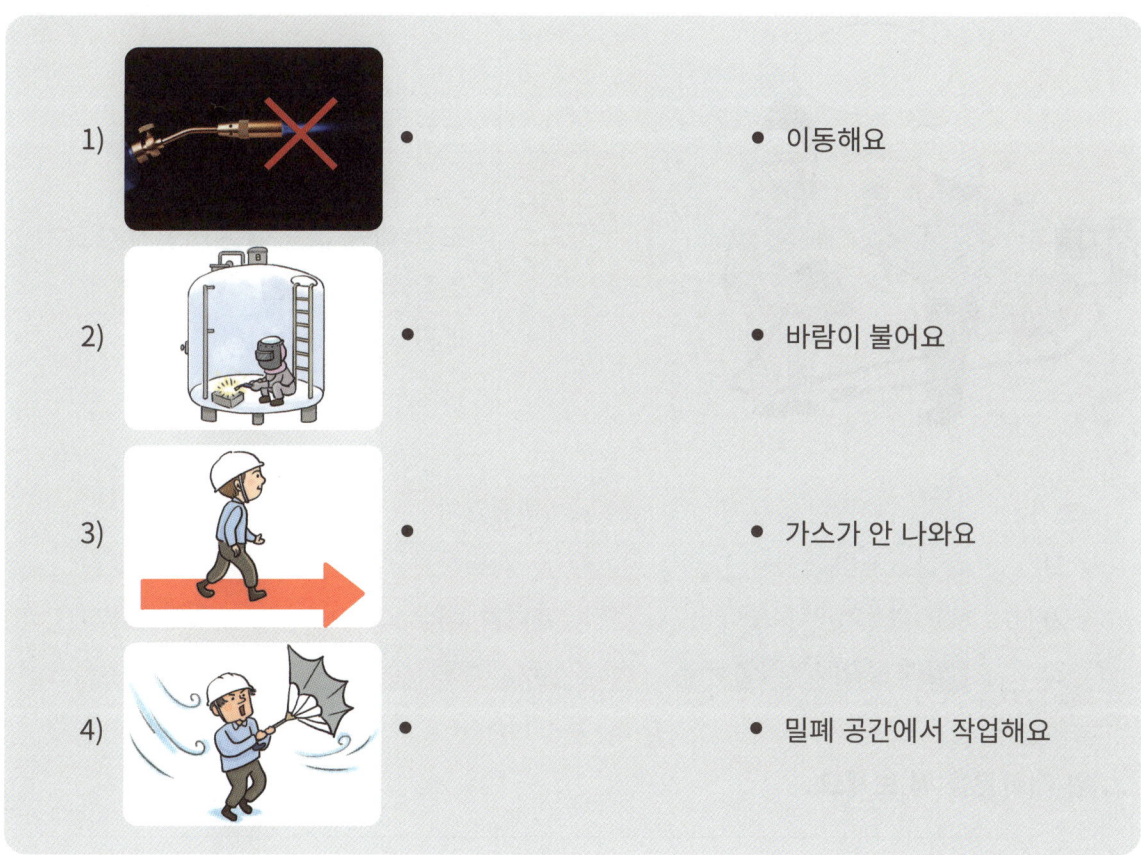

2. <보기>와 같이 문장을 만들고 말해 보세요.

| <보기> | 이동하다 | + | 주위를 확인하다 | → | 이동할 때는 주위를 확인하세요. |

1)	용접하다	바람을 등지고 하다	→
2)	바람이 불다	바람막이를 설치하다	→
3)	가스가 안 나오다	케이블 결합을 확인하다	→
4)	밀폐 공간에서 작업하다	산소 농도를 체크하다	→

대화해 보세요

1. 다음과 같이 이야기해 보세요.

조장: 작업 전에 작업장 환경을 점검하세요.
조원: 바람이 불 때는 어떻게 해요?
조장: 바람막이를 설치하세요.
조원: 네, 알겠습니다.

<보기>	바람이 불다	바람막이	설치하다
1)	바람이 불다	바람	등지고 하다
2)	가스가 안 나오다	케이블 결합	확인하다
3)	밀폐 공간에서 작업하다	산소 농도	체크하다

2. 위 대화문을 써 보세요.

1)
조장: 작업 전에 작업장 환경을 점검하세요.
조원: (　　　　　　　　　　) 어떻게 해요?
조장: (　　　　　　) (　　　　　　　　).
조원: 네, 알겠습니다.

2)
조장: 작업 전에 작업장 환경을 점검하세요.
조원: (　　　　　　　　　　　　) 어떻게 해요?
조장: (　　　　　　　　) (　　　　　　　　).
조원: 네, 알겠습니다.

3)
조장: 작업 전에 작업장 환경을 점검하세요.
조원: (　　　　　　　　　　　　) 어떻게 해요?
조장: (　　　　　　) (　　　　　　　　).
조원: 네, 알겠습니다.

 들어 보세요

1. 작업 전에 무엇을 해요?

2. 대화를 잘 듣고 질문에 답하세요. 9-5

　1) 언제 주위를 확인해요?

　　① 이동할 때　　② 작업할 때　　③ 용접할 때　　④ 바람이 불 때

　2) 작업 전에 무엇을 점검해요?

　　① 용접면　　② 케이블　　③ 바람막이　　④ 안전 장비

 받아쓰세요 9-6

1. _____

2. _____

3. _____

새 단어	항상

10 여기부터 저기까지 용접하세요

▶ 어느 곳을 용접해요?
▶ 무슨 자세로 용접을 해요?

상황	학습 목표	학습 내용
■ 작업 도면을 보고 작업 위치와 용접 방법을 확인한다.	■ 작업 위치를 파악하고 용접할 수 있다. ■ 용접 방법에 맞는 용접을 할 수 있다.	■ 어휘: 방향·위치 관련 어휘, 용접 방법 관련 어휘 ■ 문법과 표현: • N₁에서/부터 N₂까지 • N으로/로 용접하세요/작업하세요

학습하기 전에

1. 잘 듣고 순서대로 연결하세요. 10-1

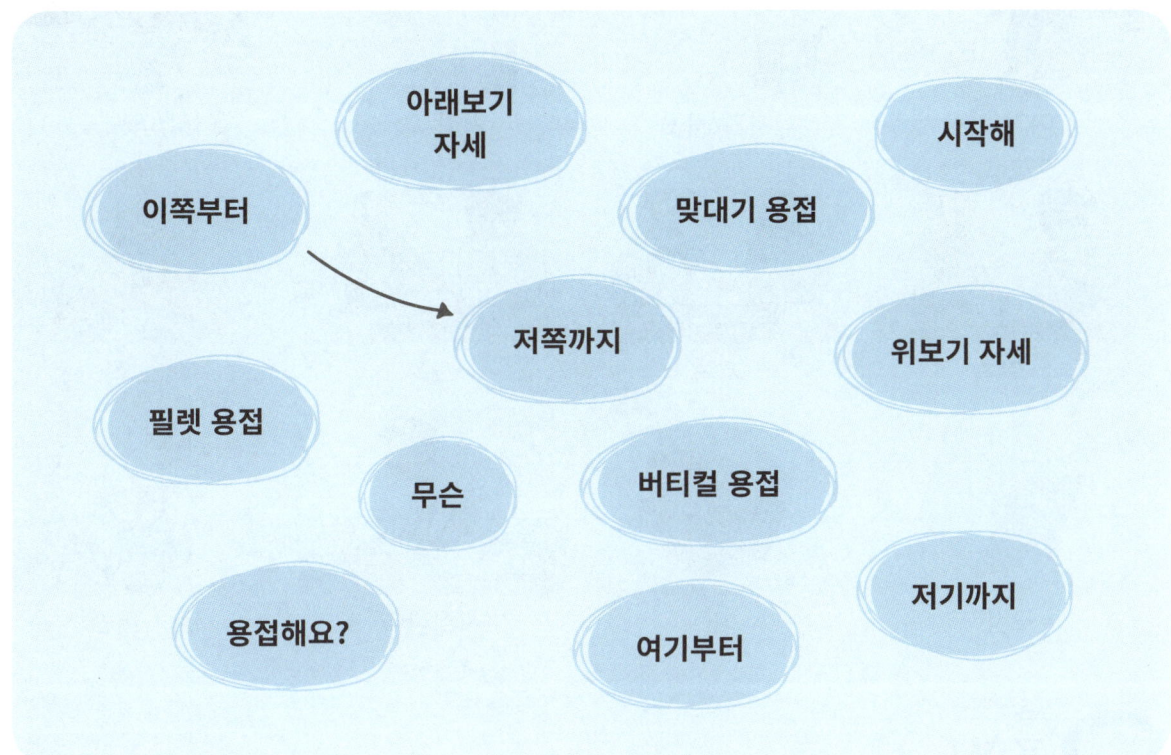

2. 잘 듣고 맞게 연결하세요. 10-2

1) 여기부터 •　　　　　　　　　　　• 작업해

2) 맞대기 용접으로 •　　　　　　　　• 용접하세요

3) 거기까지 •　　　　　　　　　　　• 시작해

4) 이쪽부터 •　　　　　　　　　　　• 작업하세요

5) 아래보기 자세로 •　　　　　　　　• 용접해

어휘 1

여기/이곳	저기/저곳	거기/그곳	어디/어느 곳
이쪽	저쪽	그쪽	어느 쪽
모서리	면	시작하다	무슨/어떤

표현 1

N1에서/부터 N2까지	
여기부터 시작하세요. 저쪽부터 용접하세요. 이쪽에서 저쪽까지 작업해. 여기부터 저기까지 작업하세요. 이쪽 모서리에서 저쪽 모서리까지 용접해.	**N1에서 N2까지(장소)** A →B A에서 B까지 여기 → 저기 여기에서 저기까지 **N1부터 N2까지(시간, 장소)** 9시 →12시 9시부터 12시까지 오늘 → 내일 오늘부터 내일까지

발음에 주의하세요

시작하다[시자카다]

 연습1

1. 잘 듣고 맞는 그림을 연결하세요.    10-3

1) •
2) •
3) •
4) •

2. <보기>와 같이 문장을 만들고 말해 보세요.

| <보기> | 여기→저기 + 용접하다 → 여기부터 저기까지 용접하세요. |

1)	A → B	작업하다	➡
2)	여기 → 거기	용접하다	➡
3)	이쪽 → 저쪽	작업하다	➡
4)	이쪽 모서리 → 저쪽 모서리	용접하다	➡

어휘2

| 용접 자세 | 아래보기 | 위보기 | 버티컬/수직 | 수평 |

| 이음 및 용접 방법 | 맞대기 | 겹치기 | 필렛 | 필렛/T이음 |
| | 변두리/플래어 | 모서리 | 한면 덧대기 | 양면 덧대기 |

| 용접 방향 | 전진법 | 후진법 |

표현2

N으로/로 용접하세요/작업하세요

무슨 방법으로 용접해요?

이쪽부터 T이음으로 필렛 용접해.

버티컬(수직) 자세로 작업하세요.

여기부터 저기까지 맞대기로 용접하세요.

이쪽 모서리부터 위보기 자세로 용접하세요.

[받침 ○] N으로

수평 + 으로 = 수평으로

T이음 + 으로 = T이음으로

[받침 ✕] N로

위보기 + 로 = 위보기로

맞대기 + 로 = 맞대기로

Tip
전진법: 작업각이 용접 진행 방향과 반대일 때
후진법: 작업각이 용접 진행 방향과 같을 때

발음에 주의하세요

맞대기[맏때기]   T이음으로[티이으므로]   덧대기[덛때기]

 **연습2**

1. 그림을 보고 알맞게 연결하세요.

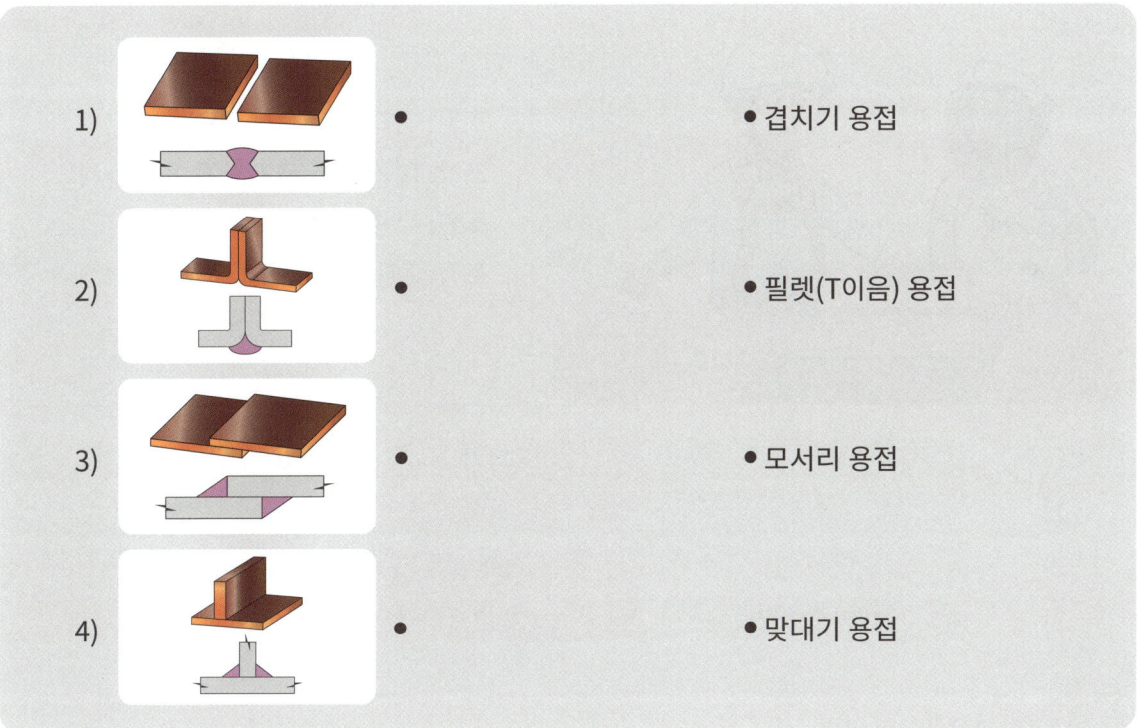

1) • • 겹치기 용접

2) • • 필렛(T이음) 용접

3) • • 모서리 용접

4) • • 맞대기 용접

2. <보기>와 같이 문장을 만들고 말해 보세요.

<보기> 아래보기 자세 + 용접하다 → 아래보기 자세로 용접하세요.

1)	T이음	용접하다	➡
2)	맞대기		➡
3)	수평 자세	작업하다	➡
4)	아래보기 자세		➡

대화해 보세요

1. 다음과 같이 이야기해 보세요.

조원: 어디를 용접할까요?
조장: 여기부터 저기까지 용접하세요.
조원: 무슨 방법으로 할까요?
조장: T이음으로 용접하세요.

<보기>	여기	저기	T이음
1)	이쪽	저쪽	필렛
2)	이쪽 앞	저쪽 끝	버티컬
3)	여기 모서리	저기 모서리	아래보기 자세로

2. 위 대화문을 써 보세요.

1)
조원: 어디를 용접할까요?
조장: (　　　　　) (　　　　　　) 용접하세요.
조원: 무슨 방법으로 할까요?
조장: (　　　　　　) 용접하세요.

2)
조원: 어디를 용접할까요?
조장: (　　　　　　) (　　　　　　) 용접하세요.
조원: 무슨 방법으로 할까요?
조장: (　　　　　　) 용접하세요.

3)
조원: 어디를 용접할까요?
조장: (　　　　　) (　　　　　　) 용접하세요.
조원: 무슨 방법으로 할까요?
조장: (　　　　　　) 용접하세요.

 **들어 보세요**

1. 앞쪽을 수직으로 용접할 때는 무슨 자세로 용접해요?

2. 대화를 잘 듣고 질문에 답하세요.  10-5

　　1) 어디를 용접해요?

　　　① 이쪽부터 저쪽까지　　　　② 저기부터 거기까지

　　　③ 여기부터 거기까지　　　　④ 그쪽부터 이쪽까지

　　2) 무슨 자세로 용접해요?

　　　① 수평 자세　　② 수직 자세　　③ 위보기 자세　　④ 아래보기 자세

 **받아쓰세요** 10-6

1. ....

2. ....

3. ....

11 용접 속도를 유지해야 돼요

▶ 용접할 때 무엇을 주의해요?
▶ 용접 상태가 이상해요. 어떻게 해요?

상황	학습 목표	학습 내용
■ 용접 상태에 따라 알맞은 방법으로 용접한다.	■ 용접 상태에 따라 전류와 전압을 조절할 수 있다. ■ 용접 상태를 보고 알맞은 작업 방법을 적용할 수 있다.	■ 어휘: 작업 관련 형용사 ■ 문법과 표현: • V/A-아야/어야 돼요 • A-게

94 | 용접 한국어

학습하기 전에

1. 잘 듣고 순서대로 연결하세요. 11-1

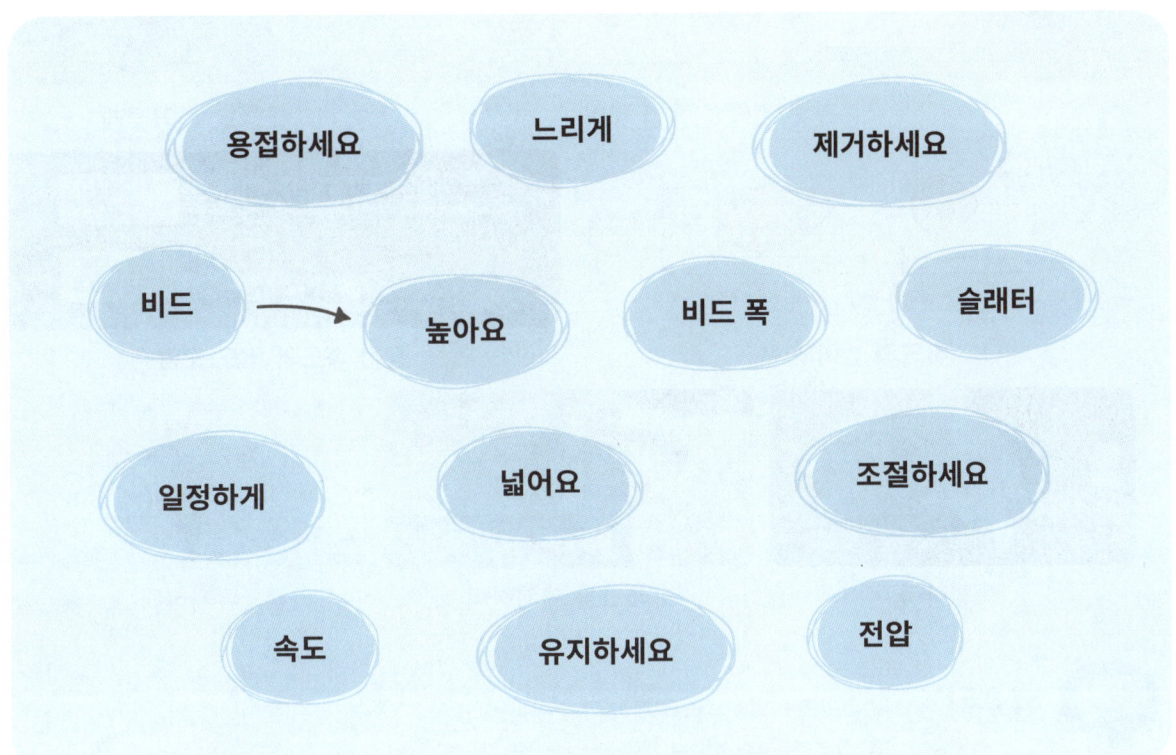

2. 잘 듣고 맞게 연결하세요. 11-2

1) 속도가 •　　　　　　　　　　　　　　• 유지하세요

2) 비드가 •　　　　　　　　　　　　　　• 넓어요

3) 일정하게 •　　　　　　　　　　　　　• 조절하세요

4) 비드 폭이 •　　　　　　　　　　　　　• 높아요

5) 전압을 •　　　　　　　　　　　　　　• 빨라요

 ## 어휘 1

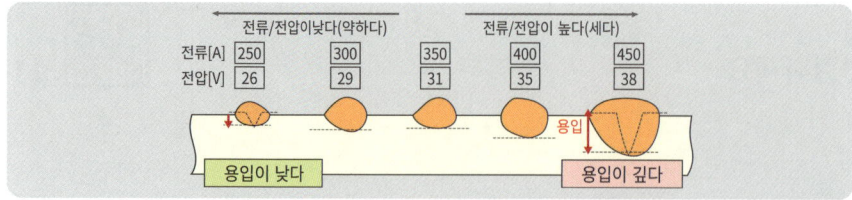
전류/전압과 용입 깊이

어떻게

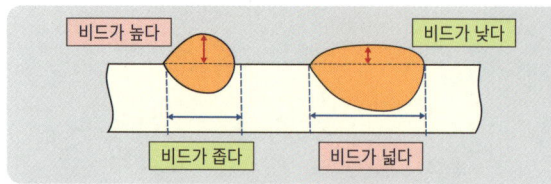
비드의 높이와 폭

용접 속도와 비드 모양

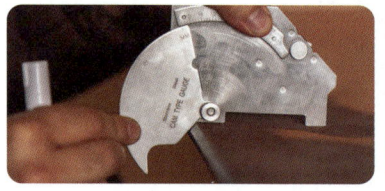
측정하다

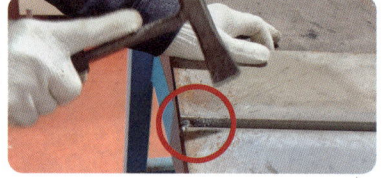
슬래그를 제거하다

유지하다

 ## 표현 1

V/A-아야/어야 돼요	
전압이 높아야 돼요. 비드폭이 넓어야 돼요. 자세를 유지해야 돼요. 전압을 조절해야 돼요. 슬래그를 제거해야 돼요.	**[ㅏ, ㅗ○] V/A-아야 돼요** 가다 + 아야 돼요 = 가야 돼요 높다 + 아야 돼요 = 높아야 돼요 **[ㅏ, ㅗ×] V/A-어야 돼요** 쓰다 + 어야 돼요 = 써야 돼요 넓다 + 어야 돼요 = 넓어야 돼요 **[하다] V/A-해야 돼요** 조절하다 + 해야 돼요 = 조절해야 돼요 유지하다 + 해야 돼요 = 유지해야 돼요

발음에 주의하세요

높다[놉따]   낮다[낟따]   좁다[좁따]   넓다[널따]   깊다[깁따]   어떻게[어떠케]
불규칙하다[불규치카다]   일정하다[일쩡하다]   측정하다[측쩡하다]

 연습1

1. 잘 듣고 맞는 그림을 연결하세요.

 11-3

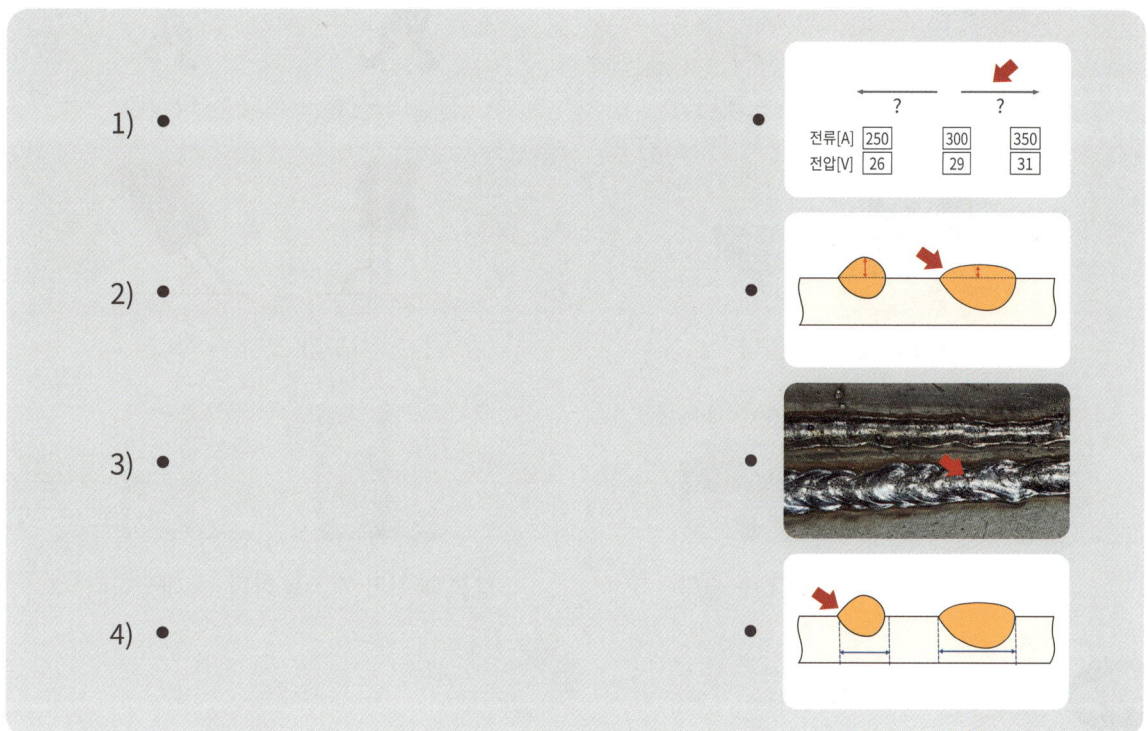

1) •
2) •
3) •
4) •

2. <보기>와 같이 문장을 만들고 말해 보세요.

| <보기> | 전류를 + 조절하다 → 전류를 조절해야 돼요. |

1)	속도	을/를 유지하다	➡
2)	자세		➡
3)	전압	을/를 조절하다	➡
4)	슬래그	을/를 제거하다	➡

어휘2

용접 속도가 빠르다 ↔ 느리다

전압이/전류가 세다 ↔ 약하다

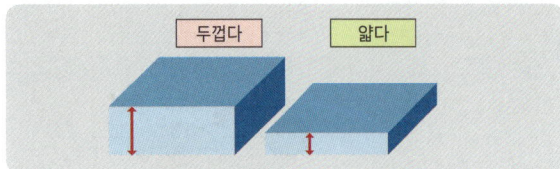
두께가 두껍다 ↔ 얇다

진행 각도가 크다 ↔ 작다

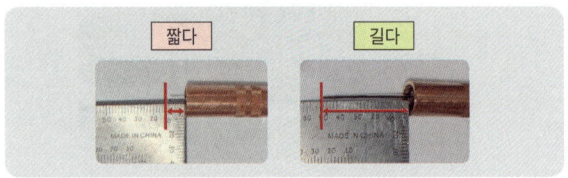
와이어 돌출 길이가 짧다 ↔ 길다

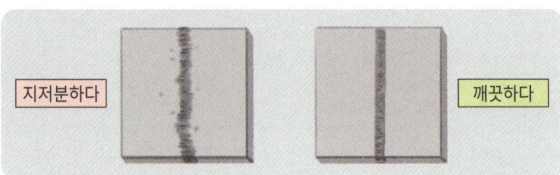
용접 부위가 지저분하다 ↔ 깨끗하다

표현2

A-게	
빠르게 용접하세요. 각도를 크게 진행하세요. 전압을 약하게 조절하세요. 속도를 일정하게 유지하세요. 슬래그를 깨끗하게 제거하세요.	[받침 ○, ×] A-게 빠르다 + 게 = 빠르게 넓다 + 게 = 넓게 일정하다 + 게 = 일정하게

Tip
빠르게 = 빨리   느리게 = 천천히
깨끗하게 = 깨끗이 ≒ 깔끔하게

발음에 주의하세요

약하다[야카다]   두껍다[두껍따]   얇다[얄따]   짧다[짤따]   깨끗하다[깨끄타다]

 연습2

1. <보기>에서 그림에 맞는 단어를 찾아 쓰세요.

<보기> 길다 빠르다 약하다 두껍다 지저분하다 각도가 작다

1) 빠르다	2)	3)
4)	5)	6)

2. <보기>와 같이 문장을 만들고 말해 보세요.

<보기> 빠르다 + 용접하다 → 빠르게 용접하세요.

1)	느리다	용접하다	➡
2)	짧다	조절하다	➡
3)	세다	조절하다	➡
4)	깨끗하다	제거하다	➡

대화해 보세요

1. 다음과 같이 이야기해 보세요.

조장: 여기부터 빨리 작업하세요.
조원: 네, 시작하겠습니다.
조장: 이쪽 비드가 낮아요. 와이어 길이를 짧게 조절하세요.
조원: 좀 더 짧게요? 네, 알겠습니다.

<보기>	비드가 낮다	와이어 길이	짧다
1)	비드가 높다	와이어 길이	길다
2)	비드 폭이 넓다	진행 각도	작다
3)	비드 폭이 좁다	진행 각도	크다

2. 위 대화문을 써 보세요.

1)
조장: 여기부터 빨리 작업하세요.
조원: 네, 시작하겠습니다.
조장: 이쪽 (　　　　). (　　　　) (　　　　) 조절하세요.
조원: 좀 더 (　　　　)? 네, 알겠습니다.

2)
조장: 여기부터 빨리 작업하세요.
조원: 네, 시작하겠습니다.
조장: 이쪽 (　　　　). (　　　　) (　　　　) 조절하세요.
조원: 좀 더 (　　　　)? 네, 알겠습니다.

3)
조장: 여기부터 빨리 작업하세요.
조원: 네, 시작하겠습니다.
조장: 이쪽 (　　　　). (　　　　) (　　　　) 조절하세요.
조원: 좀 더 (　　　　)? 네, 알겠습니다.

새 단어 좀 더

 **들어 보세요**

1. 용접 상태가 어때요?

2. 대화를 잘 듣고 질문에 답하세요. 11-5

1) 용접 상태가 어때요?

① 비드가 높아요. ② 비드가 넓어요.
③ 비드 모양이 일정해요. ④ 비드 모양이 불규칙해요.

2) 용접 속도를 어떻게 해야 돼요?

① 빠르게 해야 돼요. ② 느리게 해야 돼요.
③ 불규칙하게 해야 돼요. ④ 일정하게 유지해야 돼요.

 **받아쓰세요** 11-6

1. _____

2. _____

3. _____

12 의장품을 설치하세요

▶ 블록에 무엇을 설치해요?
▶ 기계를 어떻게 이동해요?

상황
- 용접하기 전에 파이프나 의장품을 설치한다.

학습 목표
- 의장품을 설치할 때 필요한 공구 이름과 사용법을 알 수 있다.
- 공구를 사용하여 의장품을 설치할 수 있다.

학습 내용
- 어휘: 의장품 설치 관련 장소와 공구 어휘
- 문법과 표현:
  • N을/를 설치하세요
  • V-으면서/면서

학습하기 전에

1. 잘 듣고 순서대로 연결하세요.　　　　　　　　　　　　　12-1

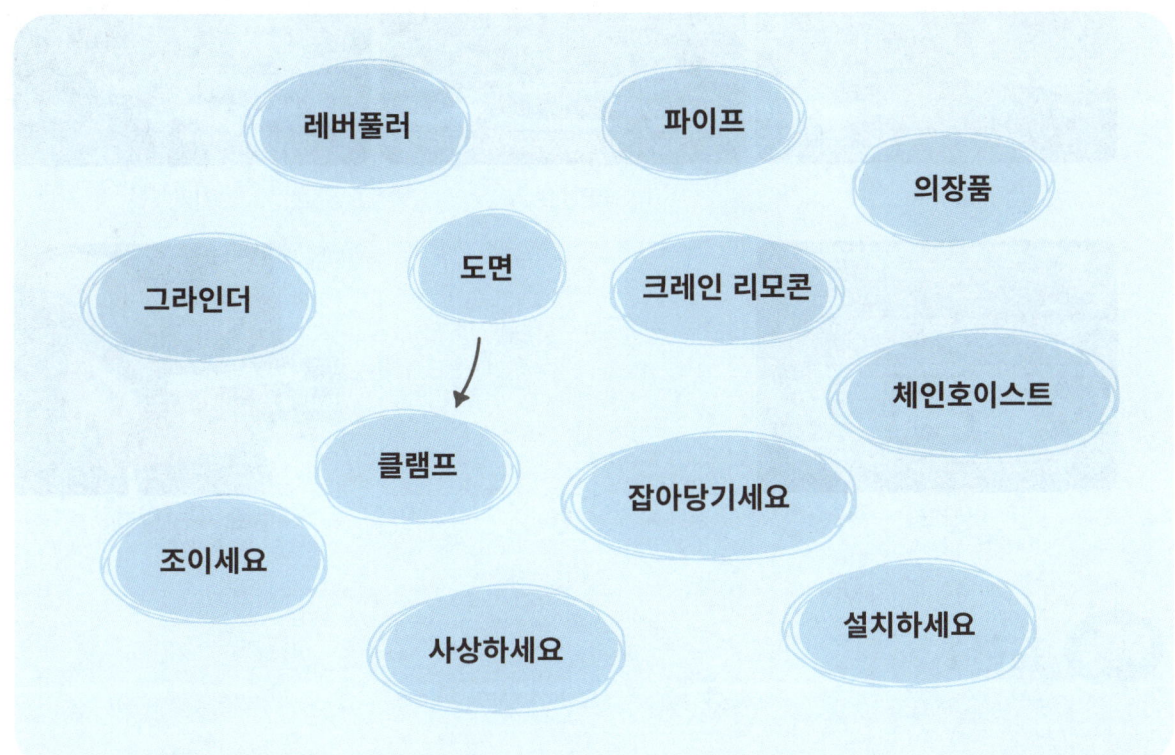

2. 잘 듣고 맞게 연결하세요.　　　　　　　　　　　　　　　12-2

1) 크레인 리모콘으로 •　　　　　　　　　　• 들어 올리세요

2) 의장품을 •　　　　　　　　　　　　　　• 잡아당기세요

3) 그라인더 숫돌을 •　　　　　　　　　　　• 장착하세요

4) 레버풀러를 •　　　　　　　　　　　　　• 설치하세요

5) 체인호이스트를 •　　　　　　　　　　　• 이동하세요

어휘 1

블록

파이프

기계

의장품

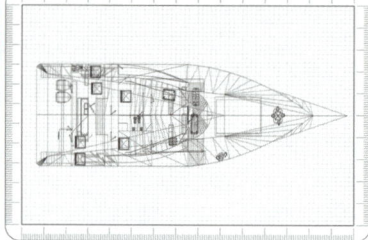
도면

크레인 리모콘

표현 1

설치하다   설치해요   설치했어요   설치하세요   설치해

N을/를 설치하세요

의장품을 설치하세요.
블록에 판넬을 설치하세요.
기계를 설치하세요.
파이프를 설치하세요.
피더기에 와이어를 설치하세요.

발음에 주의하세요

블록에[블로게]   판넬을[판네를]

 연습1

1. 잘 듣고 맞는 그림을 연결하세요.

 12-3

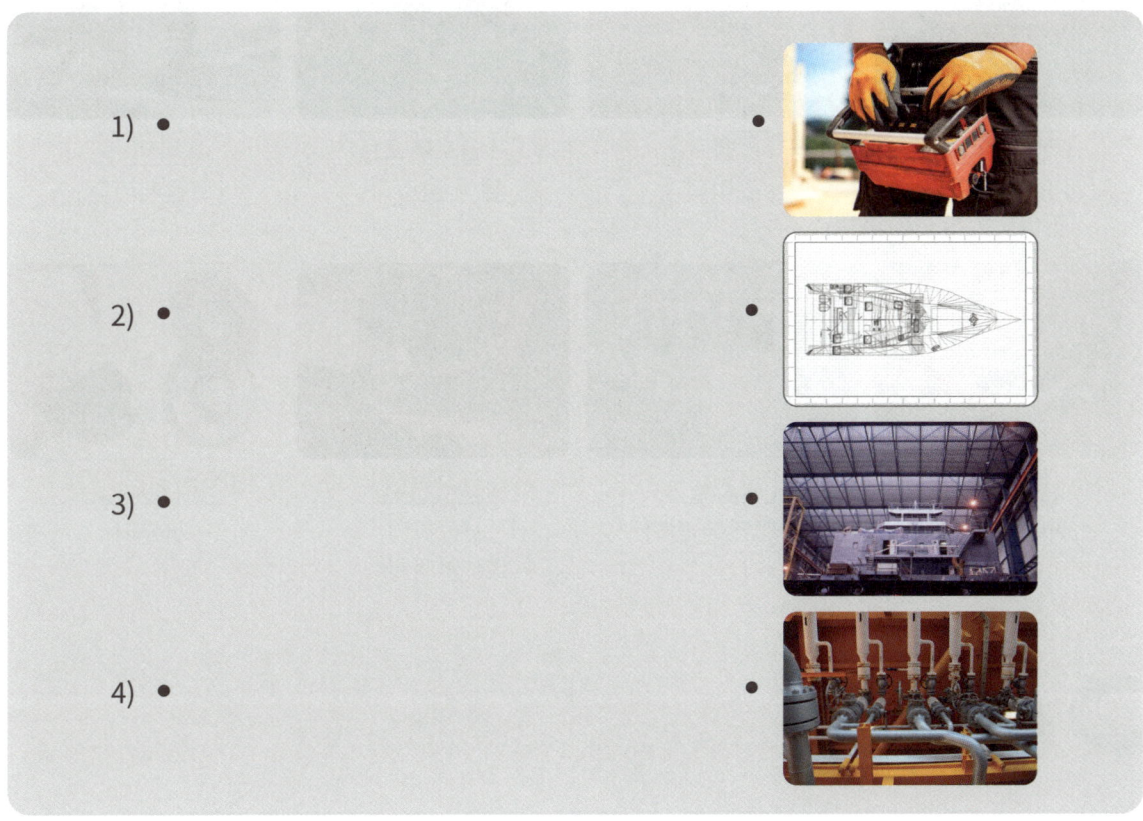

1) •
2) •
3) •
4) •

2. <보기>와 같이 문장을 만들고 말해 보세요.

| <보기> | 파이프 + 설치하다 → 파이프를 설치하세요. |

1)	의장품	을/를 설치하다	➡
2)	용접기에 피더기		➡
3)	피더기에 와이어		➡
4)	블록에 판넬		➡

 ## 어휘2

레버풀러
업(UP)↔다운(DOWN)
잡아당기다

클램프
조이다

체인호이스트
들어 올리다

바이스
고정시키다

임팩
조이다/임팩하다

복스알
사이즈에 맞다

그라인더
사상하다
그라인더하다

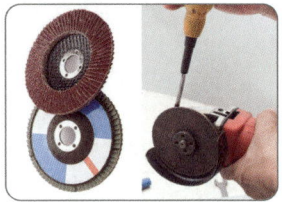
그라인더 숫돌
끼우다

 ## 표현2

V-으면서/면서	
도면을 잘 보면서 조립하세요. 앞으로 이동하면서 용접하세요. 천천히 밀어넣으면서 잡아당기세요. 오른쪽으로 이동하면서 내리세요. 안전에 유의하면서 작업하세요.	**[받침 ○] V-으면서** 박다 + 으면서 = 박으면서 밀어 넣다 + 으면서 = 밀어 넣으면서 **[받침 ✕, ㄹ받침] V-면서** 자르다 + 면서 = 자르면서 용접하다 + 면서 = 용접하면서

발음에 주의하세요

임팩하다[임패카다]   맞는[만는]

 연습2

1. 그림을 보고 알맞게 연결하세요.

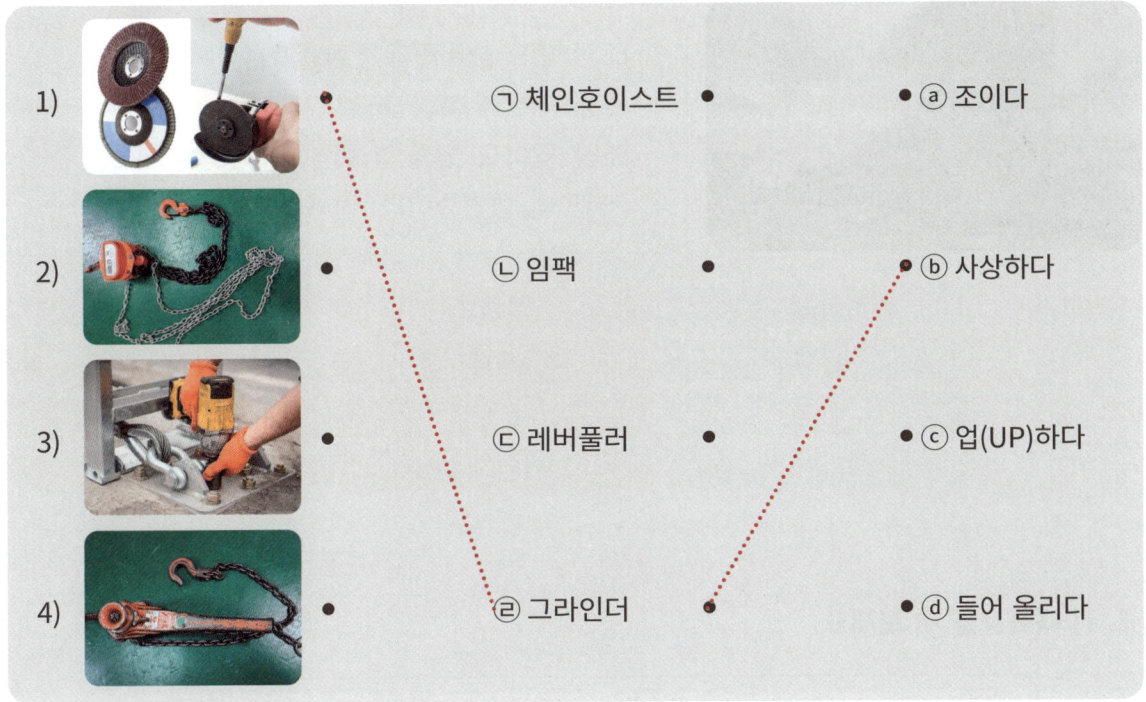

1) •   ㉠ 체인호이스트 •   • ⓐ 조이다

2) •   ㉡ 임팩 •   • ⓑ 사상하다

3) •   ㉢ 레버풀러 •   • ⓒ 업(UP)하다

4) •   ㉣ 그라인더 •   • ⓓ 들어 올리다

2. <보기>와 같이 문장을 만들고 말해 보세요.

<보기>	앞을 보다 + 용접하다 → 앞을 보면서 용접하세요.

1)	천천히 올리다	잡아당기다	➡
2)	옆으로 이동하다	내리다	➡
3)	전류를 보다	전압을 조절하다	➡
4)	손을 조심하다	그라인더하다	➡

대화해 보세요

1. 다음과 같이 이야기해 보세요.

조장: 먼저 레버풀러에 클램프를 장착하세요.
조원: 이렇게 하면 돼요?
조장: 맞아요. 앞을 잘 보면서 잡아당기세요.
조원: 네, 알겠습니다.

<보기>	레버풀러	클램프	잡아당기다
1)	판넬	체인호이스트	올리다
2)	임팩	복스알	임팩하다
3)	그라인더	그라인더 숫돌	사상하다

2. 위 대화문을 써 보세요.

1)
조장: 먼저 (　　　　) (　　　　　　) 장착하세요.
조원: 이렇게 하면 돼요?
조장: 맞아요. 앞을 잘 보면서 (　　　　　　).
조원: 네, 알겠습니다.

2)
조장: 먼저 (　　　　) (　　　　　　) 장착하세요.
조원: 이렇게 하면 돼요?
조장: 맞아요. 앞을 잘 보면서 (　　　　　　).
조원: 네, 알겠습니다.

3)
조장: 먼저 (　　　　) (　　　　　　) 장착하세요.
조원: 이렇게 하면 돼요?
조장: 맞아요. 앞을 잘 보면서 (　　　　　　).
조원: 네, 알겠습니다.

 들어 보세요

1. 크레인으로 무엇을 해요?

2. 대화를 잘 듣고 질문에 답하세요. 12-5

   1) 무엇을 이동해요?
      ① 블록   ② 기계   ③ 파이프   ④ 의장품

   2) 어느 쪽으로 이동해요?
      ① 동쪽   ② 왼쪽   ③ 북쪽   ④ 아래쪽

 받아쓰세요   12-6

1. _____

2. _____

3. _____

13 용접하기 전에 취부하세요

▶ 가용접하기 전에 무엇을 설치해요?
▶ 파이프 설치할 때 무엇이 필요해요?

상황	학습 목표	학습 내용
■ 용접하기 전에 가용접을 한다.	■ 취부할 때 사용하는 공구 이름과 사용법을 알 수 있다. ■ 공구를 사용하여 용접하기 전에 취부할 수 있다.	■ 어휘: 취부 관련 공구와 사용법 어휘 ■ 문법과 표현: • 취부하세요 가용접하세요 • V-기 전에

학습하기 전에

1. 잘 듣고 순서대로 연결하세요. 13-1

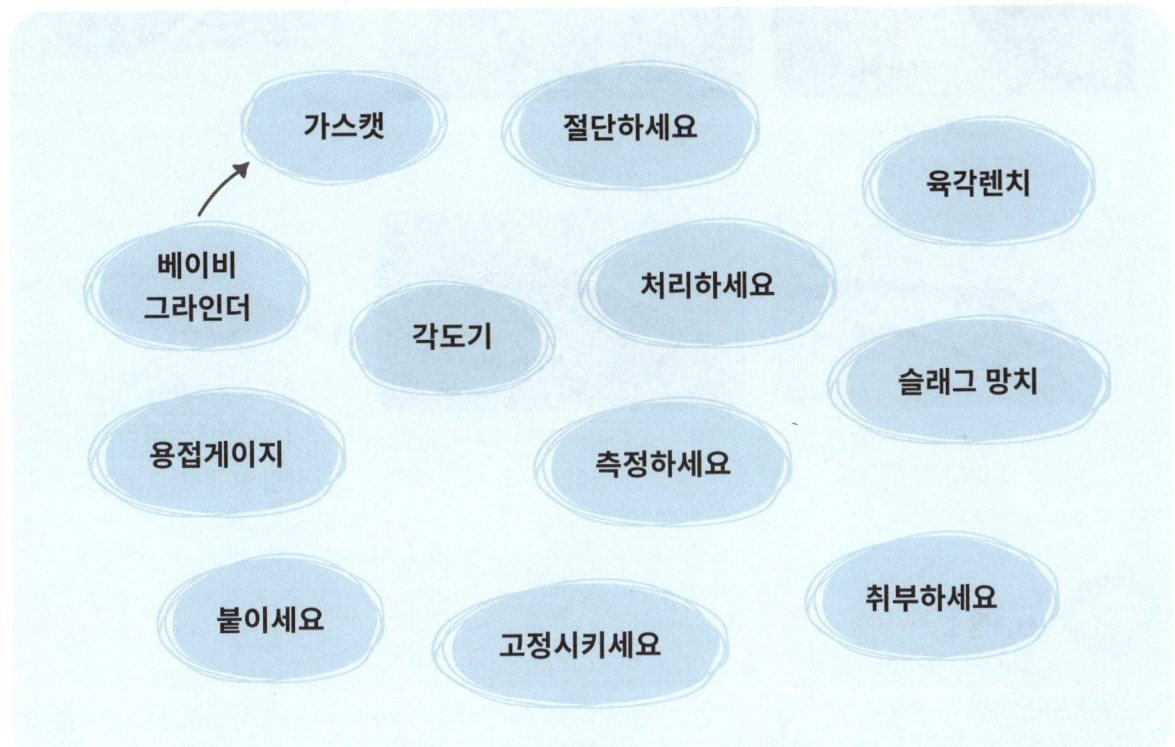

2. 잘 듣고 맞게 연결하세요. 13-2

1) 각도기로 • • 제거하세요

2) 줄자로 • • 사용하세요

3) 고정구로 • • 재세요

4) 슬래그를 • • 고정시키세요

5) 베이비 그라인더를 • • 맞추세요

 ## 어휘 1

산소절단기
절단하다/자르다

가스캣
끼우다/넣다

볼트/너트
볼팅하다

렌치
조이다/풀다

육각렌치
조이다/풀다

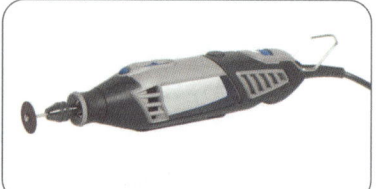
베이비 그라인더
(구멍 표면을) 처리하다

 ## 표현 1

| 취부하다 | 취부해요 | 취부했어요 | 취부하세요 | 취부해 |
| 가용접하다 | 가용접해요 | 가용접했어요 | 가용접하세요 | 가용접해 |

취부하세요 / 가용접하세요

볼팅하고 취부하세요.

도면을 보면서 취부하세요.

이쪽 모서리부터 취부하세요.

여기부터 저기까지 가용접하세요.

파이프와 의장품을 가용접하세요.

발음에 주의하세요

산소절단기[산소절딴기]   넣다[너타]   육각렌치[유깡렌치]   표면을[표며늘]

 **연습1**

1. 잘 듣고 맞는 그림을 연결하세요.

 13-3

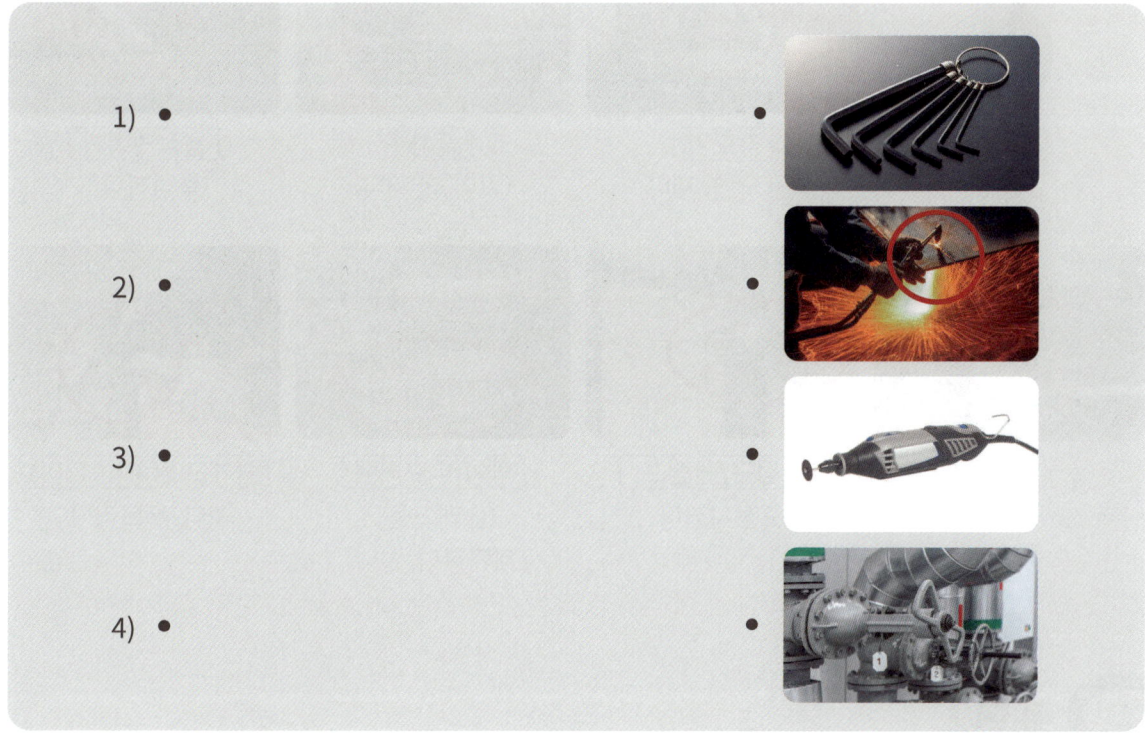

1) •
2) •
3) •
4) •

2. <보기>와 같이 문장을 만들고 말해 보세요.

<보기>	A에서 B까지 + 취부하다 → A에서 B까지 취부하세요.

1)	이쪽 모서리부터		➡
2)	파이프와 의장품을	취부하다	➡
3)	볼팅하고		➡
4)	도면을 보면서		➡

 ## 어휘2

고리	각도기	줄자	용접게이지
걸다	(각도를) 재다	(길이를) 재다	측정하다

			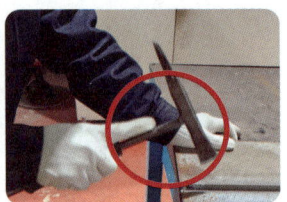
자석	고정구/클램프	와이어 브러쉬	슬래그 망치(깡깡이)
붙이다	고정시키다	(슬래그를) 제거하다/털다	치다/두드리다

 ## 표현2

V-기 전에

판넬을 자르기 전에 길이를 재세요. 들어올리기 전에 고리에 거세요. 취부하기 전에 도면을 확인하세요. 용접하기 전에 슬래그를 제거하세요. 크레인을 이동하기 전에 주위를 확인하세요.	[받침 ○, 받침 ×] V-기 전에 옮기다 + 기 전에 = 옮기기 전에 사용하다 + 기 전에 = 사용하기 전에 끼워 넣다 + 기 전에 = 끼워 넣기 전에 슬래그를 털다 + 기 전에 = 슬래그를 털기 전에

발음에 주의하세요

각도기[각또기]   길이를[기리를]   측정하다[측쩡하다]   붙이다[부치다]

 **연습2**

1. 그림을 보고 알맞게 연결하세요.

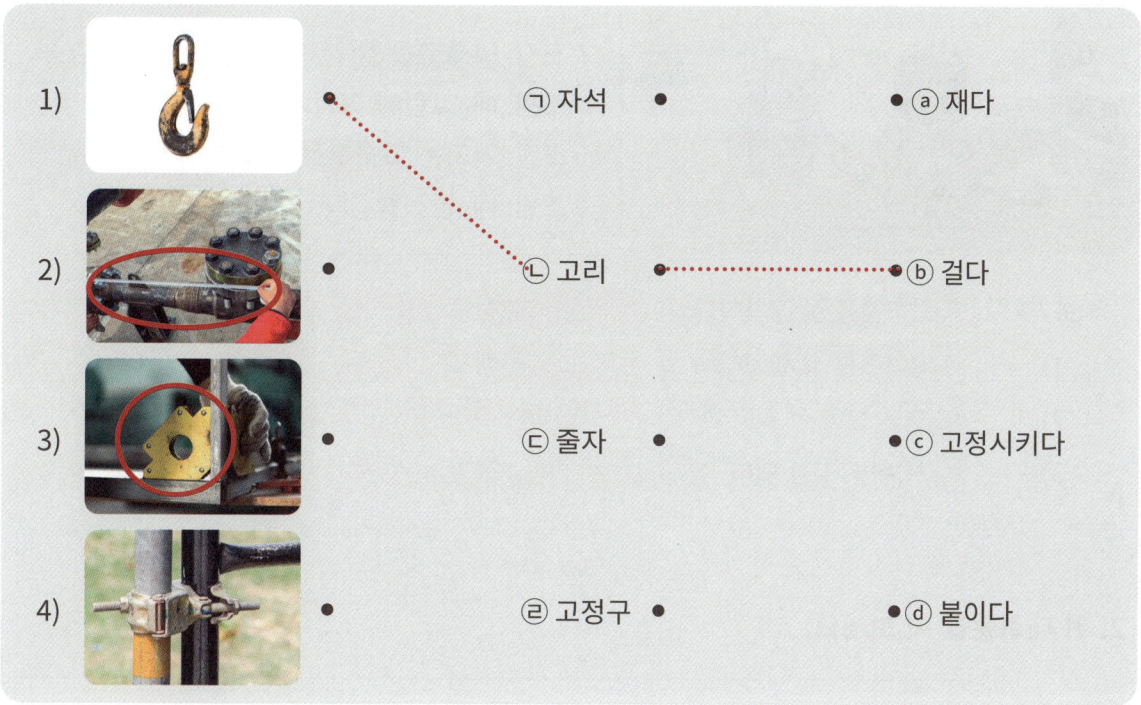

2. <보기>와 같이 문장을 만들고 말해 보세요.

<보기>	취부하다 ⇒ 용접하다 → 용접하기 전에 취부하세요.

1)	가스캣을 끼우다	볼팅하다	➡
2)	슬래그를 제거하다	취부하다	➡
3)	의장품을 설치하다	용접하다	➡
4)	그라인더 숫돌을 바꾸다	사상하다	➡

대화해 보세요

1. 다음과 같이 이야기해 보세요.

조장: 의장품을 잘 장착했는지 확인하세요.
조원: 네, 그런데 여기가 조금 이상해요.
조장: 거기는 고정구로 다시 고정시키세요.
조원: 네, 알겠습니다.

<보기>	의장품을 잘 장착하다	고정구	고정시키다
1)	파이프를 잘 설치하다	클램프	조이다
2)	사상이 잘 되다	베이비 그라인더	처리하다
3)	취부가 잘 되다	산소절단기	절단하다

2. 위 대화문을 써 보세요.

1)
조장: (　　　　　　　　　　) 확인하세요.
조원: 네, 그런데 여기가 조금 이상해요.
조장: 거기는 (　　　　　) 다시 (　　　　　　　).
조원: 네, 알겠습니다.

2)
조장: (　　　　　　　　　　) 확인하세요.
조원: 네, 그런데 여기가 조금 이상해요.
조장: 거기는 (　　　　　) 다시 (　　　　　　　).
조원: 네, 알겠습니다.

3)
조장: (　　　　　　　　　　) 확인하세요.
조원: 네, 그런데 여기가 조금 이상해요.
조장: 거기는 (　　　　　) 다시 (　　　　　　　).
조원: 네, 알겠습니다.

새 단어 다시

 **들어 보세요**

1. 파이프를 설치할 때 뭐가 필요할까요?

2. 대화를 잘 듣고 질문에 답하세요.  13-5

1) 무엇으로 조여요?

① 줄자 ② 자석 ③ 고정구 ④ 육각렌치

2) 취부하기 전에 무엇을 해요?

① 각도를 재요. ② 자석을 붙여요.
③ 고리를 걸어요. ④ 파이프를 고정시켜요.

 **받아쓰세요** 13-6

1.

2.

3.

14 용접 결함을 보수하세요

▶ 무슨 결함이 생겼어요?
▶ 왜 결함이 생겼어요?

상황	학습 목표	학습 내용
■ 용접 결함을 확인하고 보수 작업을 한다.	■ 용접 결함의 종류를 알고 설명할 수 있다. ■ 용접 결함의 원인을 확인하고 보수할 수 있다.	■ 어휘: 용접 결함 종류, 용접 결함 원인 및 보수 관련 어휘 ■ 문법과 표현: • V/A-으니까/니까 • V/A-아서/어서

학습하기 전에

1. 잘 듣고 순서대로 연결하세요. 14-1

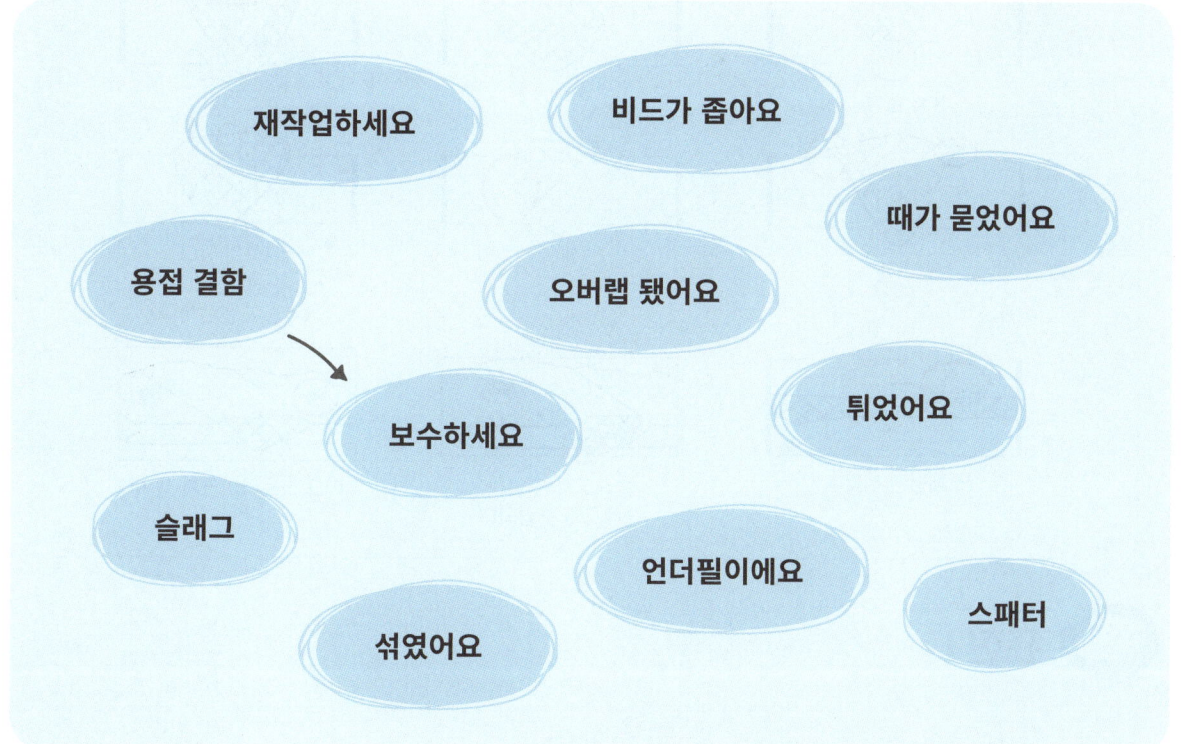

2. 잘 듣고 맞게 연결하세요. 14-2

1) 슬래그가　　　•　　　　　　　　　　　• 오버랩 됐어요

2) 언더컷을　　　•　　　　　　　　　　　• 섞였어요

3) 크랙이 생겼으니까 •　　　　　　　　　• 재작업하세요

4) 전류가 낮아서　•　　　　　　　　　　• 지저분해요

5) 먼지가 묻어서　•　　　　　　　　　　• 보수하세요

어휘 1

용접 결함(불량) 종류

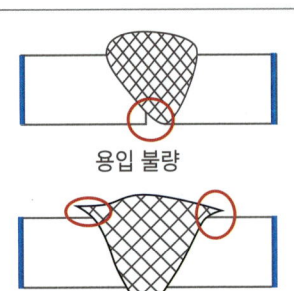
용입 불량

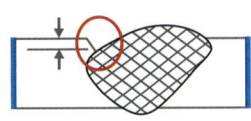
언더컷

언더필

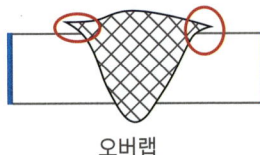
오버랩

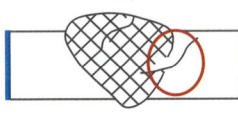
균열/크랙이 생기다

기공이 있다
기공이 생기다
기공이 발생하다

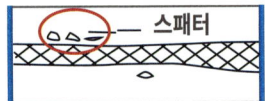
스패터가 튀다

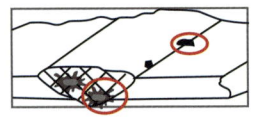
슬래그가 섞이다
슬래그가 혼입되다

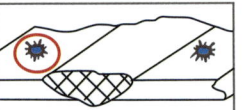
아크 스트라이크가 생기다

표현 1

| 보수하다 | 보수해요 | 보수했어요 | 보수하세요 | 보수해 |
| 재작업하다 | 재작업해요 | 재작업했어요 | 재작업하세요 | 재작업해 |

V/A-으니까/니까

스패터가 튀니까 조심하세요.
균열이 있으니까 보수하세요.
비드 폭이 넓으니까 전압을 조절하세요.
슬래그가 혼입됐으니까 재작업하세요.
아크 스트라이크가 생겼으니까 보수하세요.

[받침 ○] V/A-으니까
닫다 + 으니까 = 닫으니까
입다 + 으니까 = 입으니까

[받침 ×, ㄹ받침] V/A-니까
튀다 + 니까 = 튀니까
생기다 + 니까 = 생기니까
길다 + 니까 = 기니까

발음에 주의하세요

균열[규녈]   섞이다[서끼다]   혼입되다[호닙되다]   발생하다[발쌩하다]

 연습1

1. 잘 듣고 맞는 그림을 연결하세요.  14-3

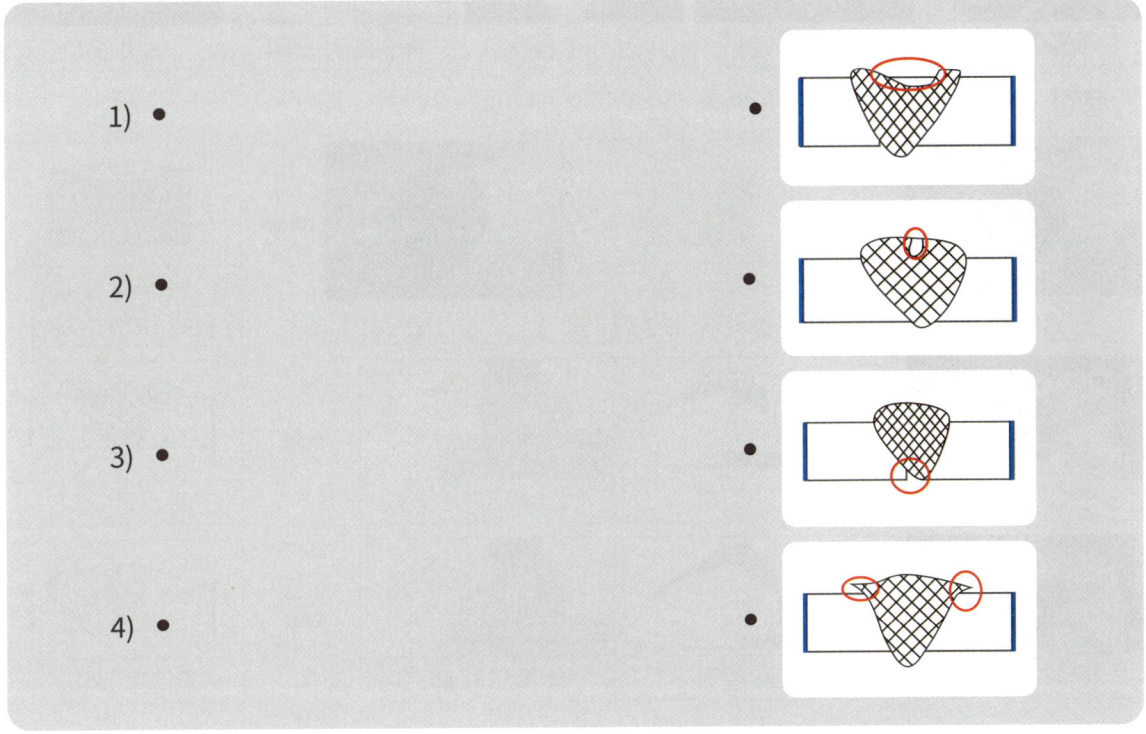

2. <보기>와 같이 문장을 만들고 말해 보세요.

| <보기> | 균열이 있다 + 보수하다 → 균열이 있으니까 보수하세요. |

1)	언더필이 됐다	보수하다	➡
2)	오버랩 됐다		➡
3)	기공이 있다	재작업하다	➡
4)	크랙이 생겼다		➡

 ## 어휘2

1. 용접 부위

 기름이 묻다
 때가 묻다
 먼지가 묻다
 페인트가 묻다
 녹이 슬다

2. 용접 결함(불량) 원인

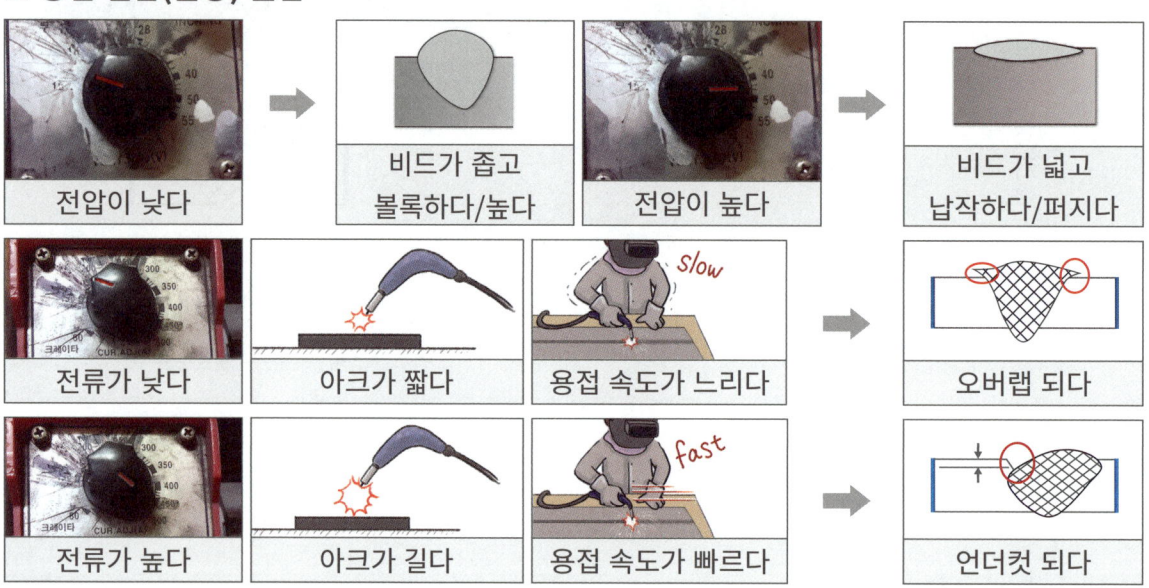

전압이 낮다 → 비드가 좁고 볼록하다/높다
전압이 높다 → 비드가 넓고 납작하다/퍼지다
전류가 낮다 / 아크가 짧다 / 용접 속도가 느리다 → 오버랩 되다
전류가 높다 / 아크가 길다 / 용접 속도가 빠르다 → 언더컷 되다

 ## 표현2

V/A-아서/어서	
용접 부위에 먼지가 묻어서 지저분해요. 전압이 낮아서 비드가 좁고 볼록해요. 전압이 높아서 비드가 넓고 납작해요. 아크가 짧아서 오버랩됐어요. 용접 속도가 빨라서 언더컷됐어요.	**[ㅏ, ㅗ ○] V/A-아서** 낮다 + 아서 = 낮아서 짧다 + 아서 = 짧아서 ※ 빠르다 → 빨라서 **[ㅏ, ㅗ ✕] V/A-어서** 묻다 + 어서 = 묻어서 느리다 + 어서 = 느려서 **[하다] V/A-해서** 납작하다 + 해서 = 납작해서

발음에 주의하세요

묻다[묻따] 낮다[낟따] 좁다[좁따] 높다[놉따] 넓다[널따] 납작하다[납짜카다] 짧다[짤따]
속도[속또] 볼록하다[볼로카다]

 **연습2**

1. <보기>에서 그림에 맞는 단어를 찾아 쓰세요.

<보기>   녹이 슬다   먼지가 묻다   페인트가 묻다   기름이 묻다

1) 기름이 묻었어요	2)	3)	

2. <보기>와 같이 문장을 만들고 말해 보세요.

<보기> 전압이 낮다 + 결함이 발생하다 → 전압이 낮아서 결함이 발생했어요.

1)	스패터가 튀다	불량이 생기다	➡
2)	전압이 높다	비드가 퍼지다	➡
3)	전류가 높다	언더컷 되다	➡
4)	아크가 짧다	오버랩 되다	➡

💬 대화해 보세요

1. 다음과 같이 이야기해 보세요.

  14-4

조장: 여기 재작업하세요.
조원: 용접 불량이에요?
조장: 전압이 낮아서 비드가 볼록해요. 전압을 높이세요.
조원: 네, 보수하겠습니다.

\<보기\>	전압이 낮다	비드가 볼록하다	전압을 높이다
1)	전압이 높다	비드가 납작하다	전압을 낮추다
2)	모재가 지저분하다	기공이 생겼다	모재를 닦고 용접하다
3)	전류가 낮다	오버랩 됐다	전류를 높이다

2. 위 대화문을 써 보세요.

1) 조장: 여기 재작업하세요.
   조원: 용접 불량이에요?
   조장: (   ) (   ). (   ).
   조원: 네, 보수하겠습니다.

2) 조장: 여기 재작업하세요.
   조원: 용접 불량이에요?
   조장: (   ) (   ). (   ).
   조원: 네, 보수하겠습니다.

3) 조장: 여기 재작업하세요.
   조원: 용접 불량이에요?
   조장: (   ) (   ). (   ).
   조원: 네, 보수하겠습니다.

새 단어 닦다

 **들어 보세요**

1. 왜 불량이 생겨요?

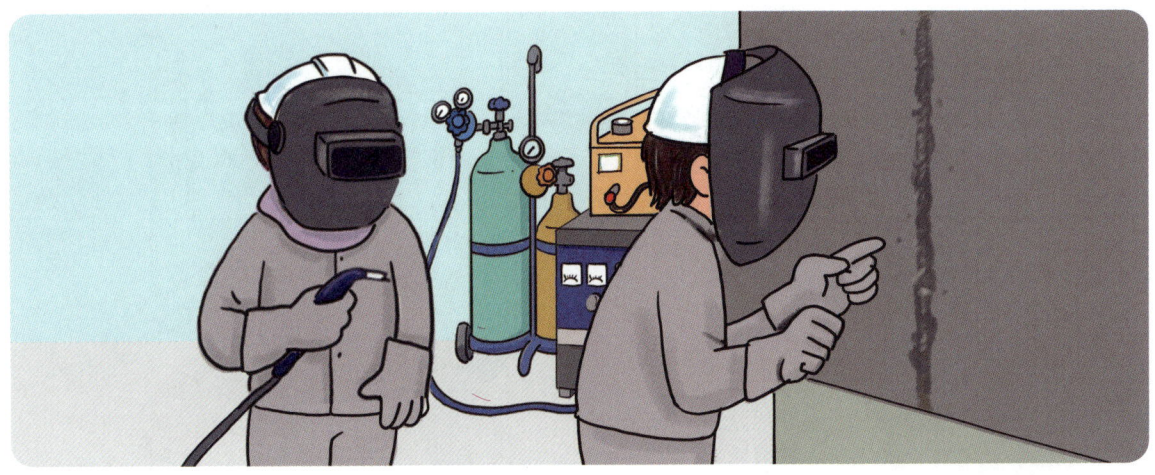

2. 대화를 잘 듣고 질문에 답하세요. 14-5

1) 무슨 결함이 생겼어요?
① 크랙　　　② 언더필　　　③ 언더컷　　　④ 오버랩

2) 어떻게 보수해요?
① 전류를 낮춰요.　　　② 전압을 낮춰요.
③ 전류를 높여요.　　　④ 전압을 높여요.

 **받아쓰세요** 14-6

1.
2.
3.

15 작업장을 정리하세요

▶ 작업이 끝난 후에 무엇을 해야 돼요?
▶ 청소를 어떻게 해요?

상황	학습 목표	학습 내용
■ 용접 작업 후 작업도구를 정리하고 작업장을 청소한다.	■ 청소 도구와 청소 방법을 알 수 있다. ■ 용접 작업이 끝난 후에 정리정돈을 할 수 있다.	■ 어휘: 청소 및 정리정돈 관련 어휘 ■ 문법과 표현: • N을/를 청소하세요/정리하세요 • V-은/ㄴ 후에

학습하기 전에

1. 잘 듣고 순서대로 연결하세요. 15-1

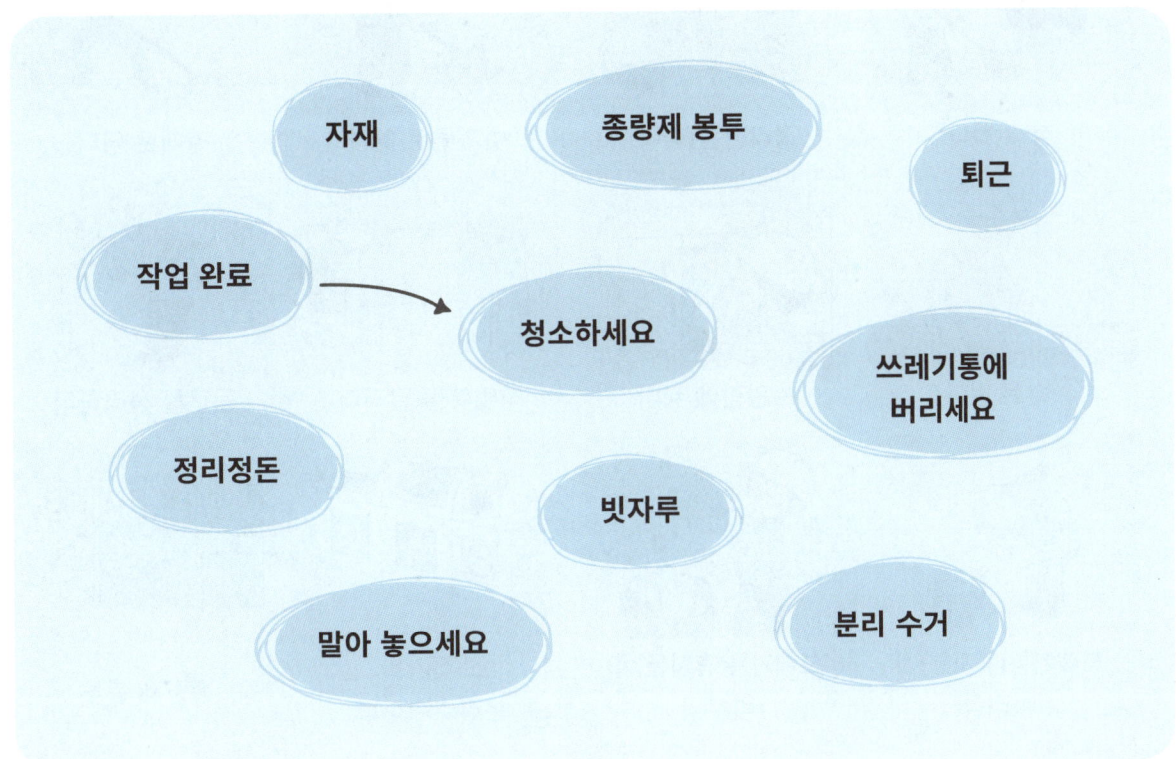

2. 잘 듣고 맞게 연결하세요. 15-2

1) 작업장을 •

2) 안전 보호구를 •   • 정리하세요

3) 보호가스를 •

4) 피더기를 •   • 차단하세요

5) 용접기 전원을 •

 ## 어휘 1

 청소(하다)
 정리정돈(하다)
 빗자루로 쓸다
 걸레로 닦다

 솔로 털다
 보관함에 넣다
 작업복을 말리다
 공구를 정리하다

 쓰레기통(휴지통)에 버리다
 쓰레기통(휴지통)을 비우다
 쓰레기를 분리수거하다
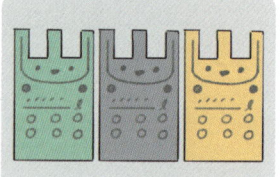 종량제 봉투

 ## 표현 1

| 청소하다 | 청소해요 | 청소했어요 | 청소하세요 | 청소해 |
| 정리하다 | 정리해요 | 정리했어요 | 정리하세요 | 정리해 |

N을/를 청소하세요/정리하세요

바닥을 청소하세요.
작업장을 청소하세요.
사무실을 청소하세요.
공구를 정리하세요.
안전보호구를 정리하세요.

 **연습1**

1. 잘 듣고 맞는 그림을 연결하세요.　　 15-3

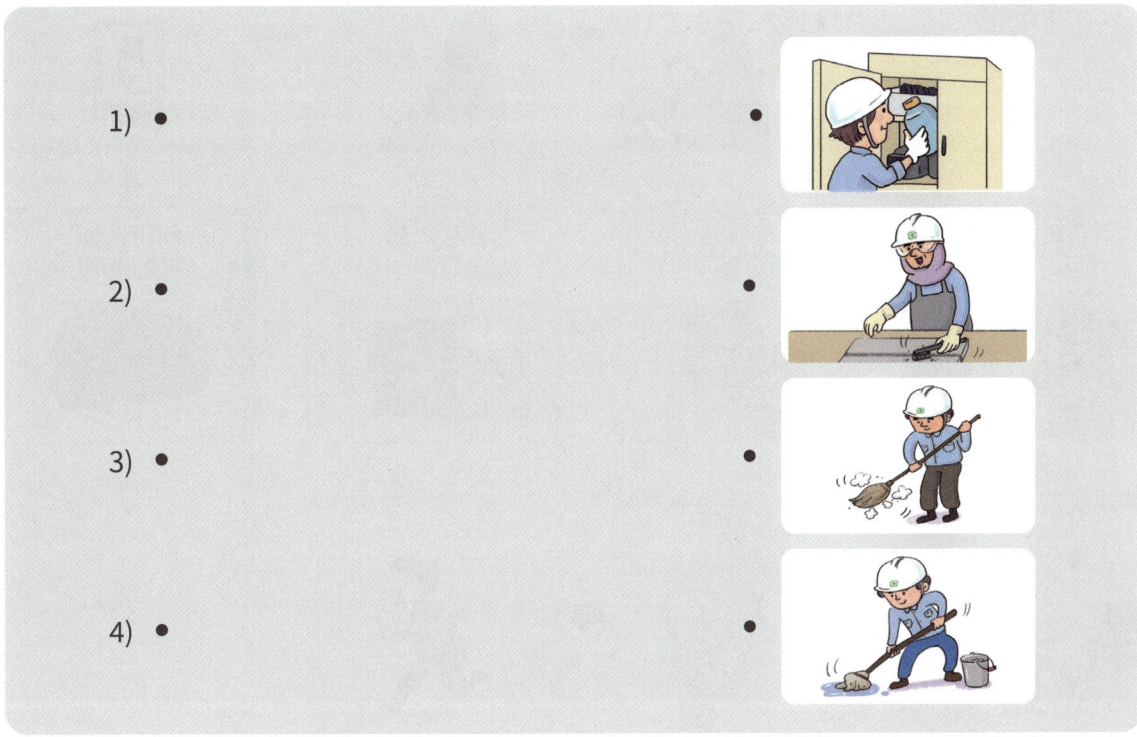

1) •
2) •
3) •
4) •

2. <보기>와 같이 문장을 만들고 말해 보세요.

| <보기> | 용접복 + 말리다 → 용접복을 말리세요. |

1)	바닥	걸레로 닦다	➡
2)	슬래그	솔로 털다	➡
3)	쓰레기	분리수거하다	➡
4)	작업장	빗자루로 쓸다	➡

 어휘2

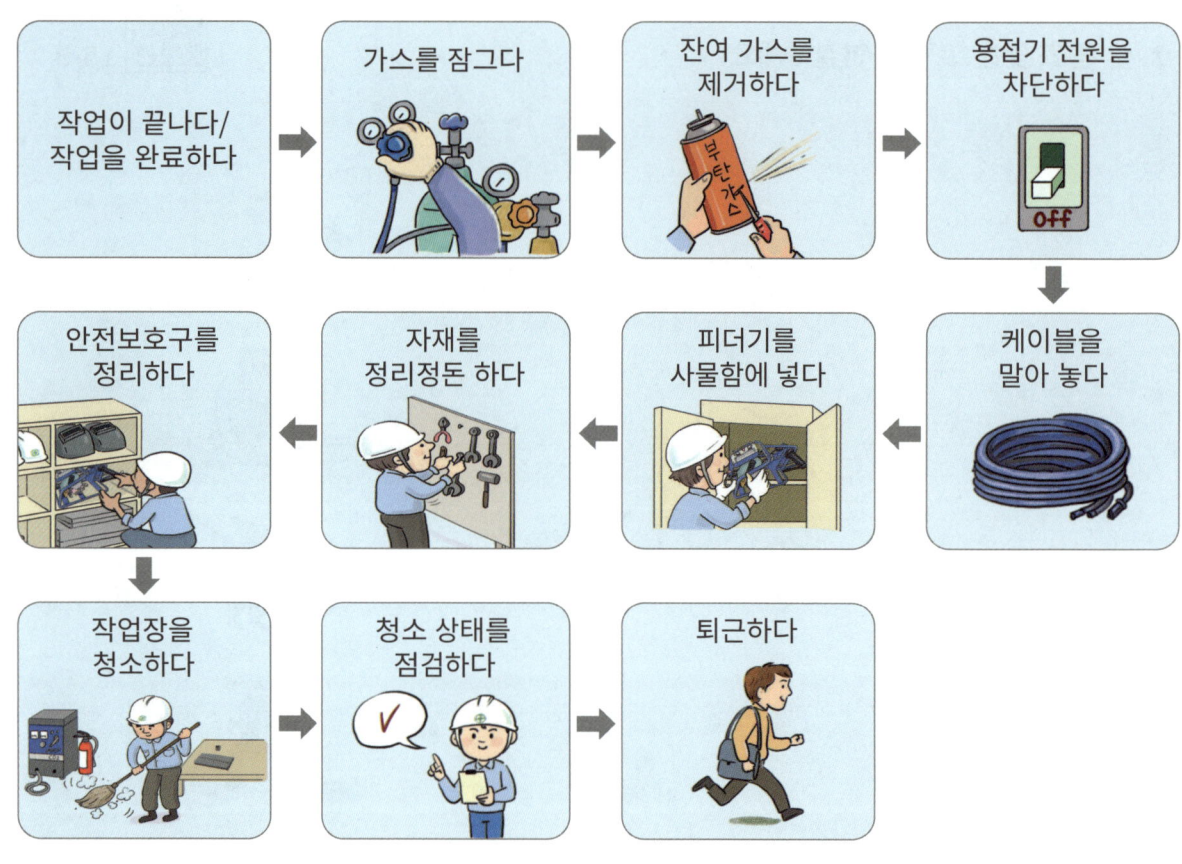

 표현2

V-은/ㄴ 후에	
작업이 끝난 후에 가스를 잠그세요. 가스를 잠근 후에 잔여 가스를 제거하세요. 가스를 제거한 후에 용접기 전원을 차단하세요. 전원을 차단한 후에 케이블을 말아 놓으세요. 케이블을 말아 놓은 후에 작업장을 청소하세요.	**[받침 ○] V-은 후에** 넣다 + 은 후에 = 넣은 후에 닫다 + 은 후에 = 닫은 후에 **[받침 ✕, ㄹ받침] V-ㄴ 후에** 잠그다 + ㄴ 후에 = 잠근 후에 정리하다 + ㄴ 후에 = 정리한 후에

발음에 주의하세요

끝나다[끈나다]　완료하다[왈료하다]　놓다[노타]　넣다[너타]

 **연습2**

1. 그림을 보고 알맞게 연결하세요.

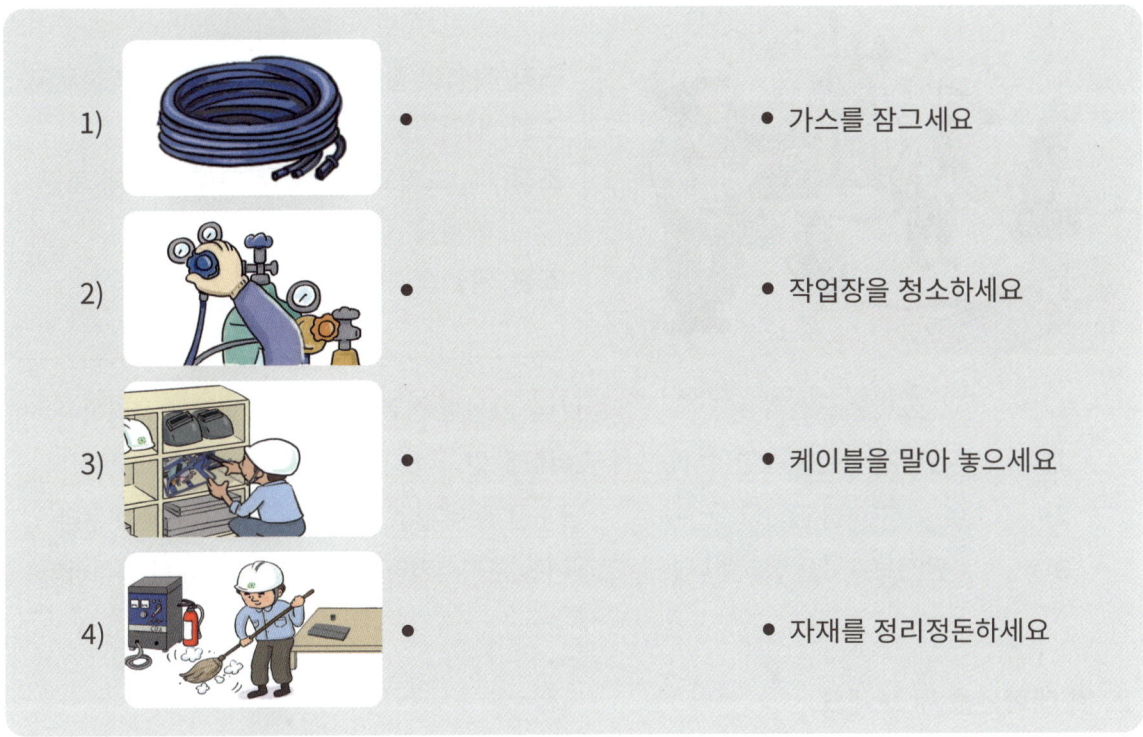

2. <보기>와 같이 문장을 만들고 말해 보세요.

<보기>	작업이 끝나다 ⇒ 가스를 잠그다 → 작업이 끝난 후에 가스를 잠그세요.

1)	가스를 잠그다	전원을 차단하다	➡
2)	전원을 차단하다	케이블을 정리하다	➡
3)	케이블을 정리하다	피더기를 사물함에 넣다	➡
4)	피더기를 사물함에 넣다	작업장을 청소하다	➡

대화해 보세요

1. 다음과 같이 이야기해 보세요.

조장: 작업이 끝났으니까 케이블을 정리하세요.
조원: 피더기도 사물함에 넣어야 돼요?
조장: 네, 그리고 작업장을 정리한 후에 퇴근하세요.
조원: 알겠습니다.

<보기>	케이블을 정리하다	피더기를 사물함에 넣다	작업장을 정리하다
1)	용접기 전원을 차단하다	케이블을 말아 놓다	자재를 정리정돈하다
2)	가스를 잠그다	공구를 정리하다	쓰레기통을 비우다
3)	안전보호구를 정리하다	쓰레기를 분리수거하다	청소 상태를 점검하다

2. 위 대화문을 써 보세요.

1) 조장: 작업이 끝났으니까 (　　　　　　　　　　).
   조원: (　　　　　　　　　)?
   조장: 네, 그리고 (　　　　　　　　　　) 퇴근하세요.
   조원: 알겠습니다.

2) 조장: 작업이 끝났으니까 (　　　　　　　　　　).
   조원: (　　　　　　　　　)?
   조장: 네, 그리고 (　　　　　　　　　　) 퇴근하세요.
   조원: 알겠습니다.

3) 조장: 작업이 끝났으니까 (　　　　　　　　　　).
   조원: (　　　　　　　　　)?
   조장: 네, 그리고 (　　　　　　　　　　) 퇴근하세요.
   조원: 알겠습니다.

 **들어 보세요**

1. 작업이 끝나면 무엇을 해요?

2. 대화를 잘 듣고 질문에 답하세요.  15-5

1) 무엇을 정리해요?
   ① 자재　　　　② 가스　　　　③ 사물함　　　　④ 안전 보호구

2) 무엇을 한 후에 퇴근해요?
   ① 전원을 켠 후에　　　　② 문을 닫은 후에
   ③ 안전모를 쓴 후에　　　　④ 작업장을 청소한 후에

 **받아쓰세요** 15-6

1. _____

2. _____

3. _____

2 산업안전편

16 절대수칙을 꼭 지키세요

▶ 작업장에서 무엇을 조심해야 할까요?
▶ 사고가 났을 때 어떻게 해야 돼요?

주제
- 조선소 작업장의 특징과 안전사고 유형
- 절대 수칙과 위급 상황 시 대피하기

학습 목표
- 조선소 작업장의 특징과 위험 요소, 주의사항을 알 수 있다.
- 작업장에서 지켜야 할 절대수칙을 알고 위급 상황 시 안전하게 탈출하고 대피할 수 있다.

학습 내용
- 어휘와 표현: 조선소 작업장 위험 요인, 안전사고 유형, 비상 대피 시설 및 구급 장비
- 안전 관련: 안전사고율과 금지표지판, 절대수칙

학습하기 전에

1. 잘 듣고 순서대로 연결하세요. 16-1

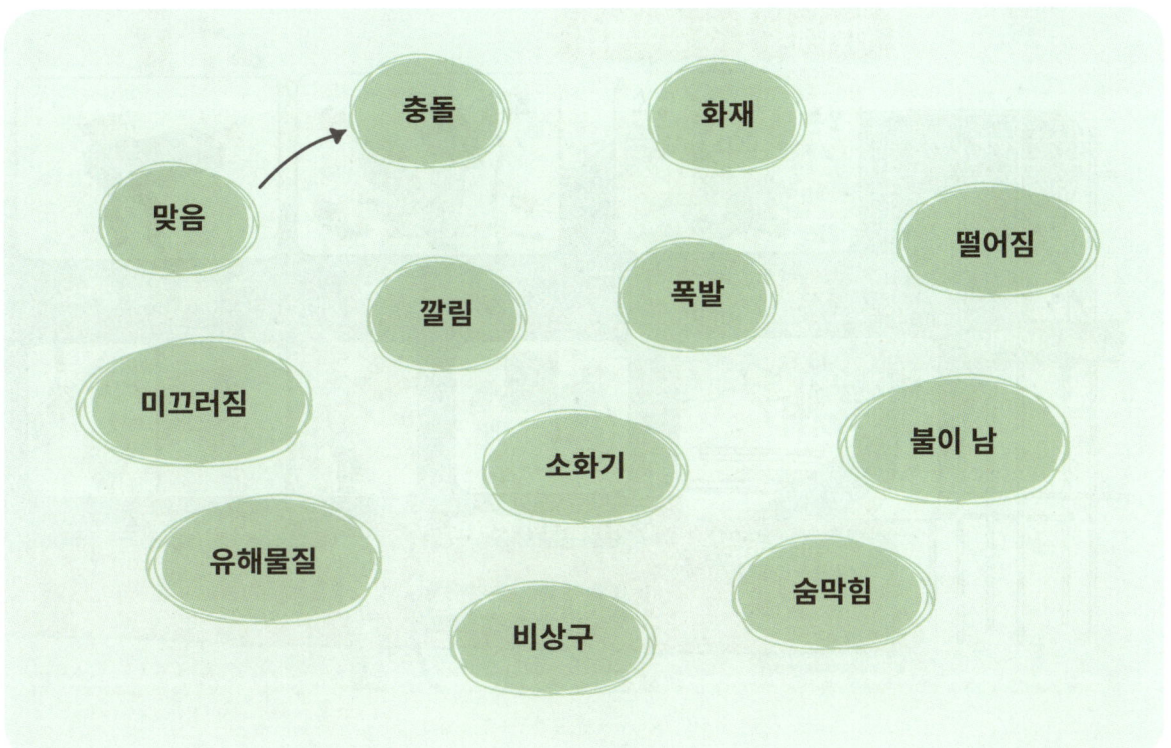

2. 잘 듣고 맞게 연결하세요.  16-2

1) 대피 장소로 •   • 지키세요

2) 유해물질이 •   • 이동하세요

3) 가설물이 •   • 하지 마세요

4) 절대수칙을 꼭 •   • 있어요

5) 흡연을 •   • 많아요

 ## 어휘와 표현

1. 조선소 작업장 위험 요인

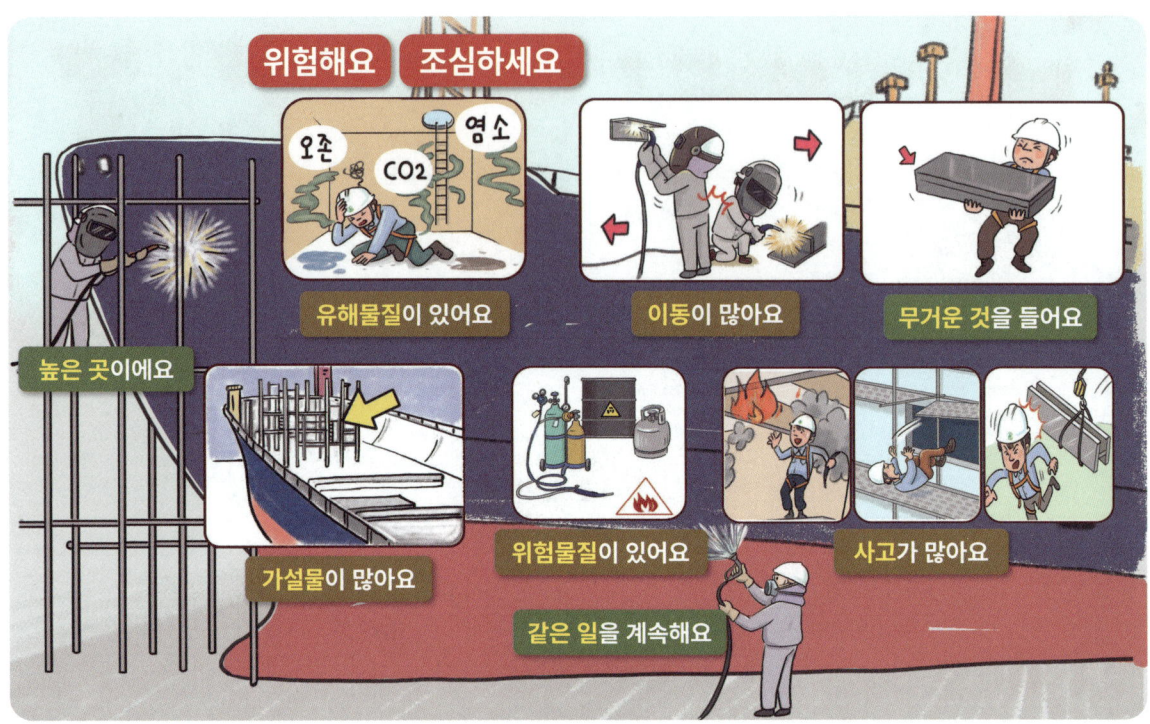

※ 내가 일하는 곳은 어때요? 모두 표시(∨)하세요.

	내가 일하는 곳	표시(∨)		내가 일하는 곳	표시(∨)
1)	높은 곳이에요.		5)	가설물이 많아요.	
2)	이동이 많아요.		6)	위험물질이 있어요.	
3)	유해물질이 있어요.		7)	사고가 많아요.	
4)	무거운 것을 들어요.		8)	같은 일을 계속해요.	

발음에 주의하세요

많아요[마나요]   유해물질[유해물찔]   들어요[드러요]   높은[노픈]
계속해요[계소캐요]

2. 안전사고 유형

※ 내가 일하는 곳에서 무엇을 조심해야 할까요? 모두 표시(∨)하세요.

	조심해야 할 것	표시(∨)		조심해야 할 것	표시(∨)
1)	미끄러짐		5)	숨막힘(질식)	
2)	맞음(낙하, 비래)		6)	떨어짐(추락)	
3)	깔림, 끼임(협착)		7)	불이 남(화재)	
4)	충돌		8)	터짐(폭발)	

발음에 주의하세요

맞음[마즘]   낙하[나카]   숨막힘[숨마킴]   질식[질씩]   떨어짐[떠러짐]

3. 비상 대피 시설 및 구급장비

현 위치　　소화기　　비상등　　발신기

비상구　　완강기　　대피장소(대피소)　　탈출경로

비상구급장비　　비상 구급장비함　　구급약　　공기호흡기

1) ☐ 에 맞는 단어를 쓰세요.

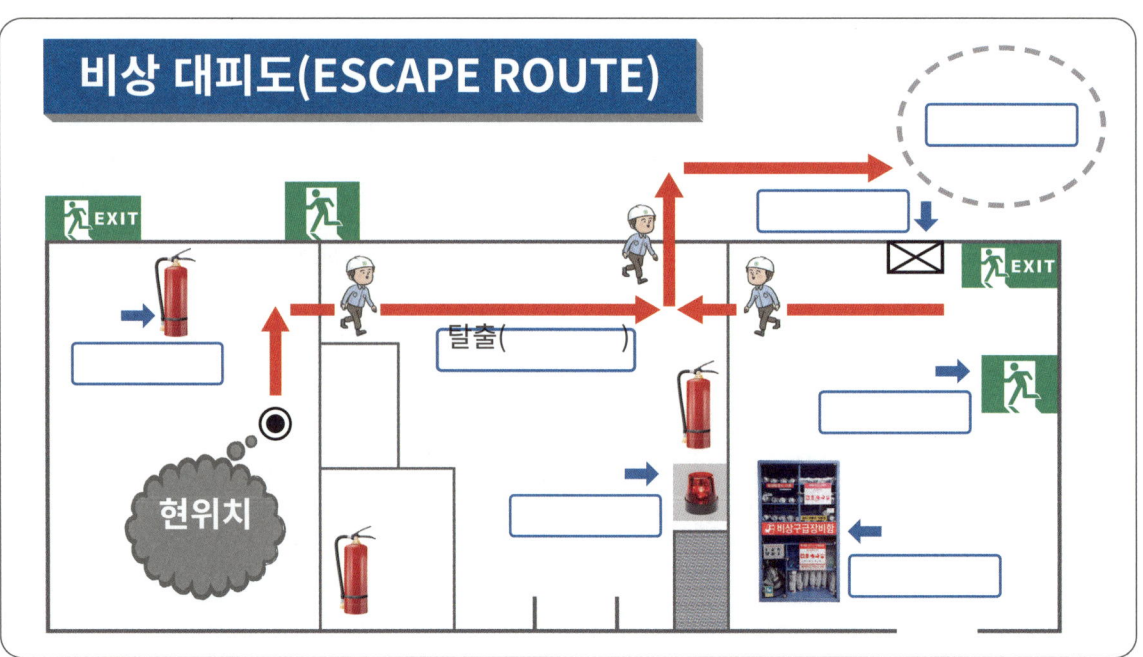

2) 여러분이 일하는 곳에는 비상대피 시설과 구급장비가 어디에 있어요? 확인하고 이야기해 보세요.

 연습

1. 그림을 보고 알맞게 연결하세요.

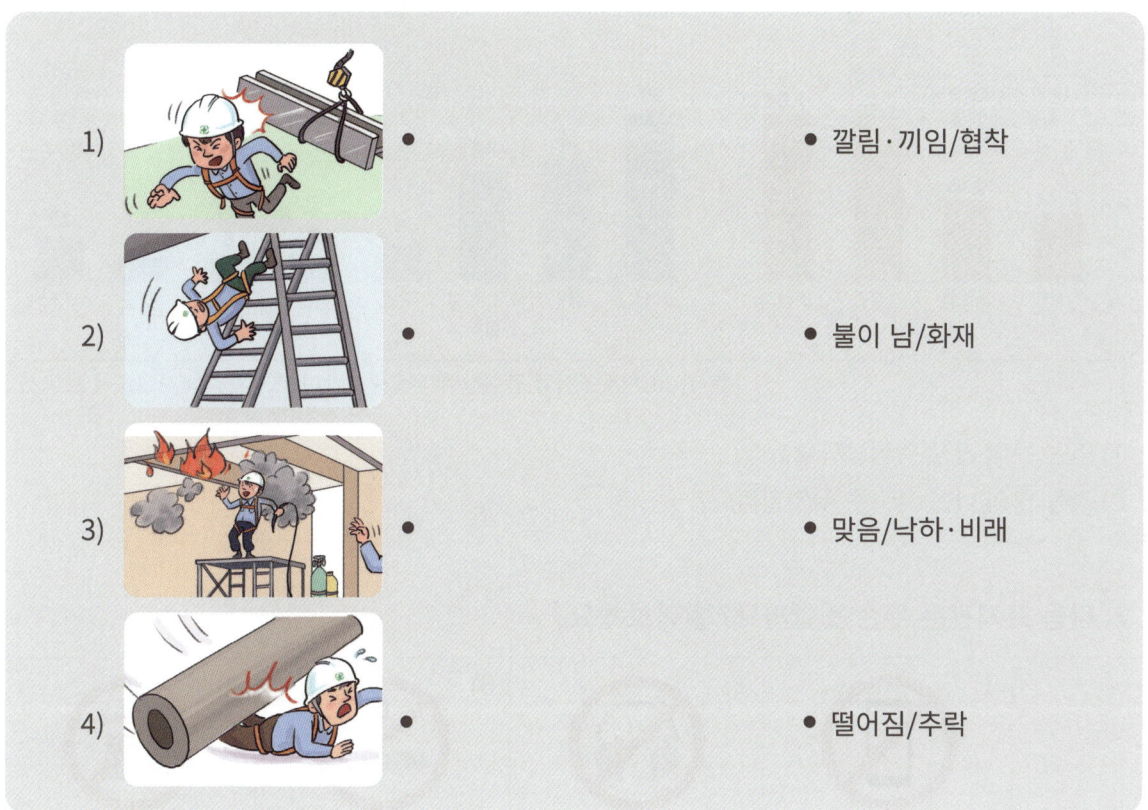

2. <보기>에서 그림에 맞는 단어를 찾아 쓰세요.

<보기>　공기호흡기　구급약　대피소　비상구급장비

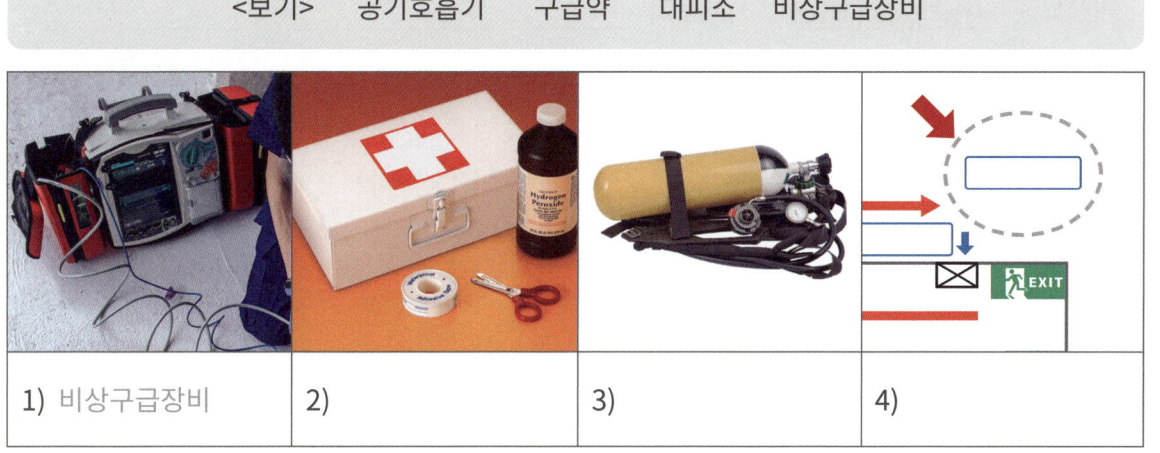

1) 비상구급장비　2)　3)　4)

 **알아봅시다 1**

1. 아래 도표를 보고 말해 보세요.

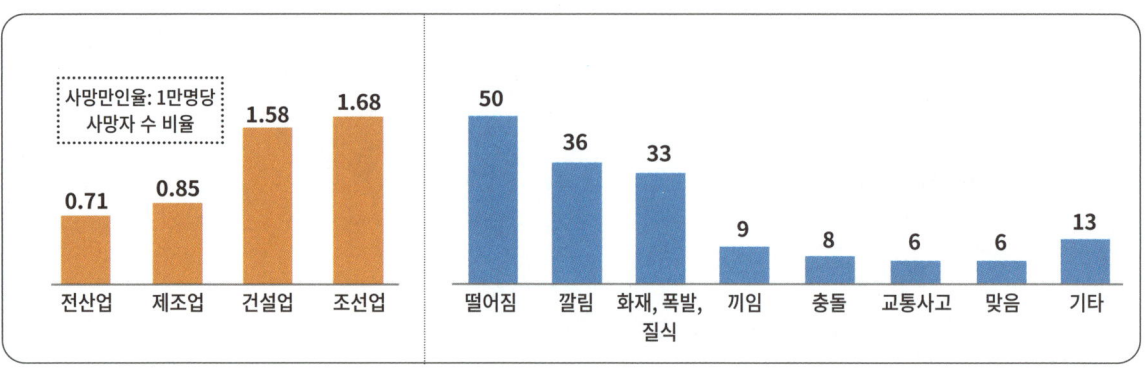

[출처] 2018년 조선업 중대산업재해 국민참여 조사위원회 사고조사 보고서

1) 어떤 곳이 가장 위험할까요?
2) 가장 많이 나는 사고는 무엇일까요?

2. 다음 표지판은 무슨 뜻일까요? 알아보세요.

	1)	2)	3)	4)
금지	휴대폰 사용 금지	이어폰 사용 _____	흡연 _____	안전장치 해제 _____
-지 마세요	휴대폰을 사용하지 마세요.	이어폰을 사용하지 _____.	담배를 _____.	안전장치를 _____.

> **Tip**
> 금지는 'V-지 마세요'와 뜻이 같아요.
> [받침 ○, X] V-지 마세요   사용하다 ↔ 사용하지 마세요   풀다 ↔ 풀지 마세요
> 담배를 피우다 ↔ 담배를 피우지 마세요

새 단어   사망   사고율   안전 사고   전산업   제조업   건설업   흡연
안전장치   해제

 알아봅시다 2

1. '절대수칙'이 무엇일까요? 이야기해 보세요.

- 안전 수칙이에요.
- 회사에서 지켜야 해요.
- 꼭 지켜야 해요.

2. 다음을 읽고 질문에 답하세요.

1)	휴대폰, 이어폰 사용 금지 (이동 중/ 작업 중)	이동 중, 작업 중에 스마트폰, 이어폰을 사용하지 마세요.	5)	흡연 금지 (이동 중/ 작업 중)	이동 중, 작업 중에 담배를 피우지 마세요.
2)	사내 규정 속도 준수	30Km/h 아래로 운전하세요. (지게차 8km/h)	6)	고소작업 시 안전벨트	높은 곳에서 작업할 때 안전벨트를 하세요.
3)	권상 부재 하부 출입 금지	짐을 올리고 내릴 때 밑에 있지 마세요.	7)	기계 기구 안정장치 임의 제거/해체 금지	기계와 기구의 안전장치를 제거(해체)하지 마세요.
4)	도장/ 화기 혼재 작업 금지	도장할 때 불 작업을 같이 하지 마세요.	8)	전기 작업 시 LOTO규정 준수(잠금 표식 장치)	전기 작업할 때 규정을 지키세요.

※ 준수와 금지 중 어느 것이 맞을까요? 맞는 것에 표시(∨) 하세요.

	내용	준수(=하세요)	금지(=하지 마세요)
1)	작업 중 휴대폰, 이어폰 사용		
2)	사내 규정 속도		
3)	LOTO 규정		
4)	도장/ 화기 혼재 작업		
5)	안전 장치 임의 제거		

새 단어 사내   속도   화기   전기   잠금   표식장치   준수(하다)   제거(하다)   해체(하다)   규정을 지키다

17 추락(떨어짐) 사고

▶ 추락 사고는 왜 일어날까요?
▶ 추락 사고를 예방하려면 어떻게 해야 돼요?

상황
- 높은 곳에서 떨어지는 사고
- 미끄러지거나 넘어지는 사고

학습 목표
- 추락 사고의 원인과 유형을 알 수 있다.
- 추락 사고의 안전 수칙을 알고 예방할 수 있다.

학습 내용
- 어휘와 표현: 추락 사고 유형, 추락 사고 예방 (사다리 안전 수칙, 기타 안전 수칙)
- 안전 관련: 추락 사고 발생 원인 및 예방 대책, 사다리 안전 수칙, 떨어짐 사고 예방 수칙

학습하기 전에

1. 잘 듣고 순서대로 연결하세요. 17-1

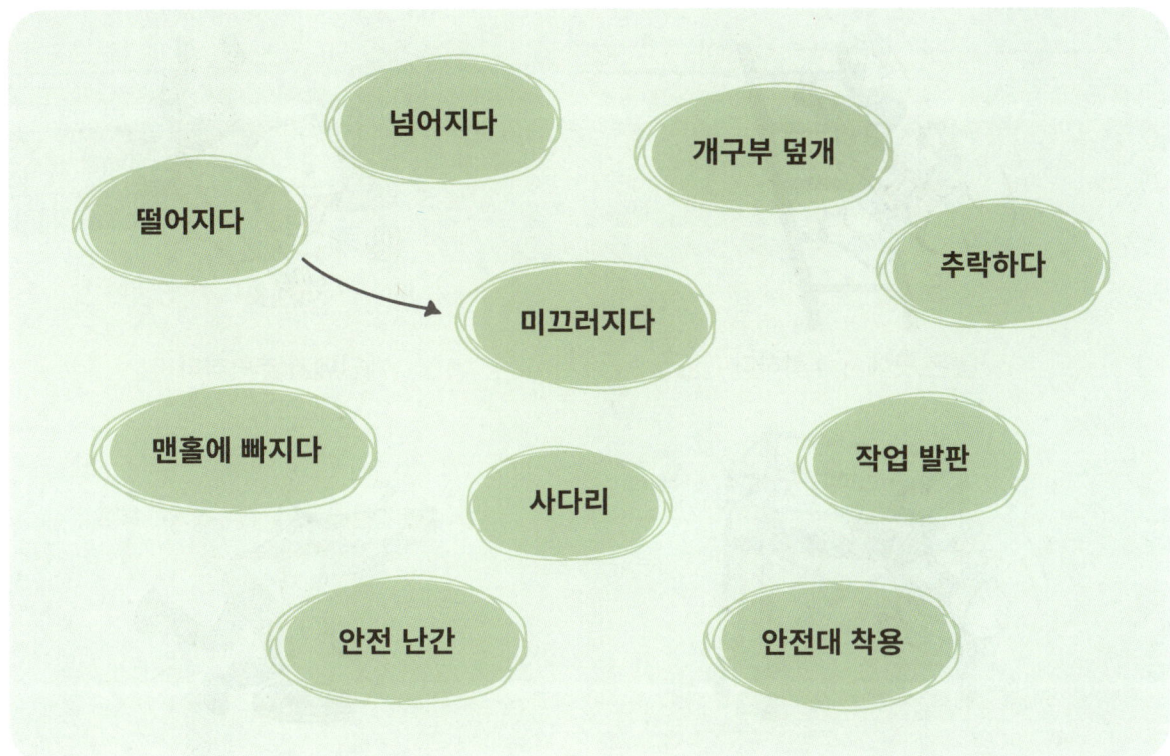

2. 잘 듣고 맞게 연결하세요. 17-2

1) 계단에서 •   • 빠졌어요

2) 맨홀에 •   • 떨어졌어요

3) 높은 곳에서 •   • 착용하세요

4) 물건에 걸려서 •   • 넘어졌어요

5) 안전대를 •   • 미끄러졌어요

 어휘와 표현

1. 추락 사고 유형

높은 곳에서 추락하다

계단에서 추락하다

발판 위에서 떨어지다

걸려 넘어지다

미끄러지다

맨홀에 빠지다

발음에 주의하세요

추락하다[추라카다]   떨어지다[떠러지다]   넘어지다[너머지다]

2. 추락 사고 예방

1) 사다리 안전 수칙

사다리 고정

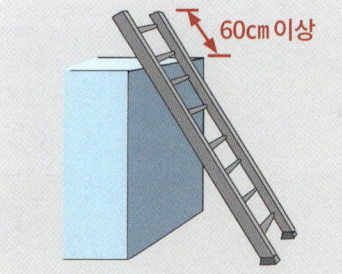
걸친 길이 60㎝ 이상

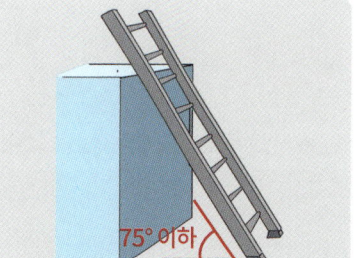
각도 75° 이하

2인 1조 작업

3타점 유지: 두 손과 두 발 3점 이상 접촉

2) 기타 안전 수칙

작업 발판 고정

안전대 착용

추락 방호망 설치

안전 난간 설치

울타리 설치

개구부/맨홀 덮개 설치

 **연습**

1\. 내용과 그림을 알맞게 연결하세요.

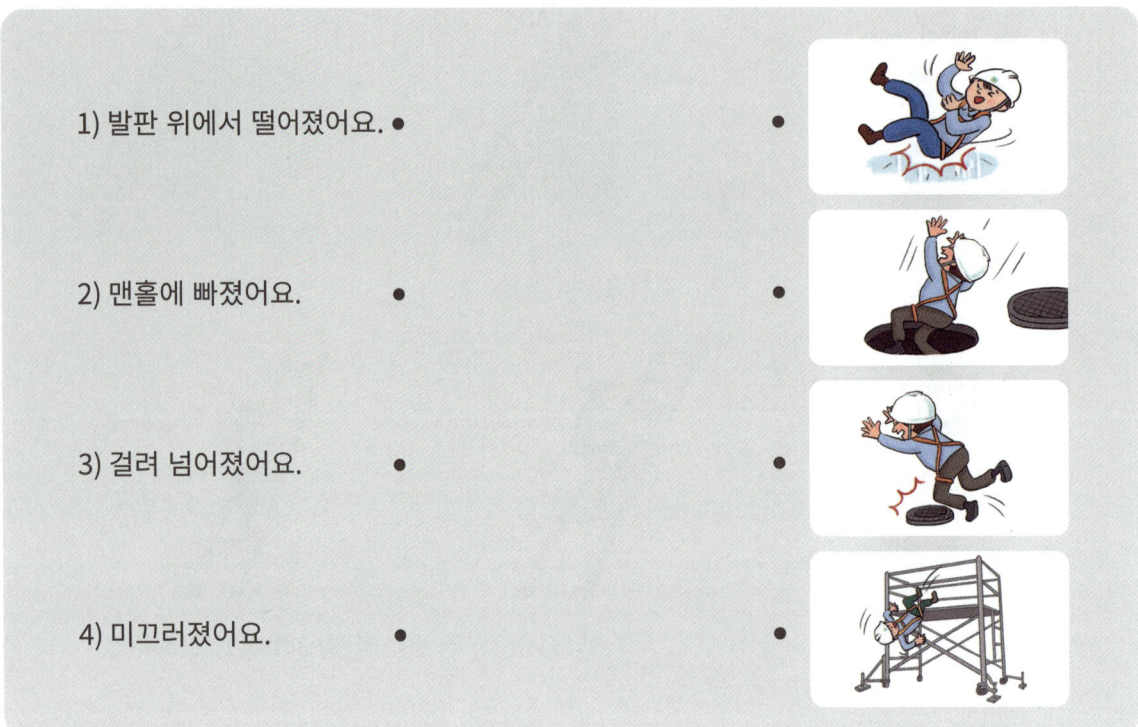

1) 발판 위에서 떨어졌어요.
2) 맨홀에 빠졌어요.
3) 걸려 넘어졌어요.
4) 미끄러졌어요.

2\. 그림을 보고 알맞게 연결하세요.

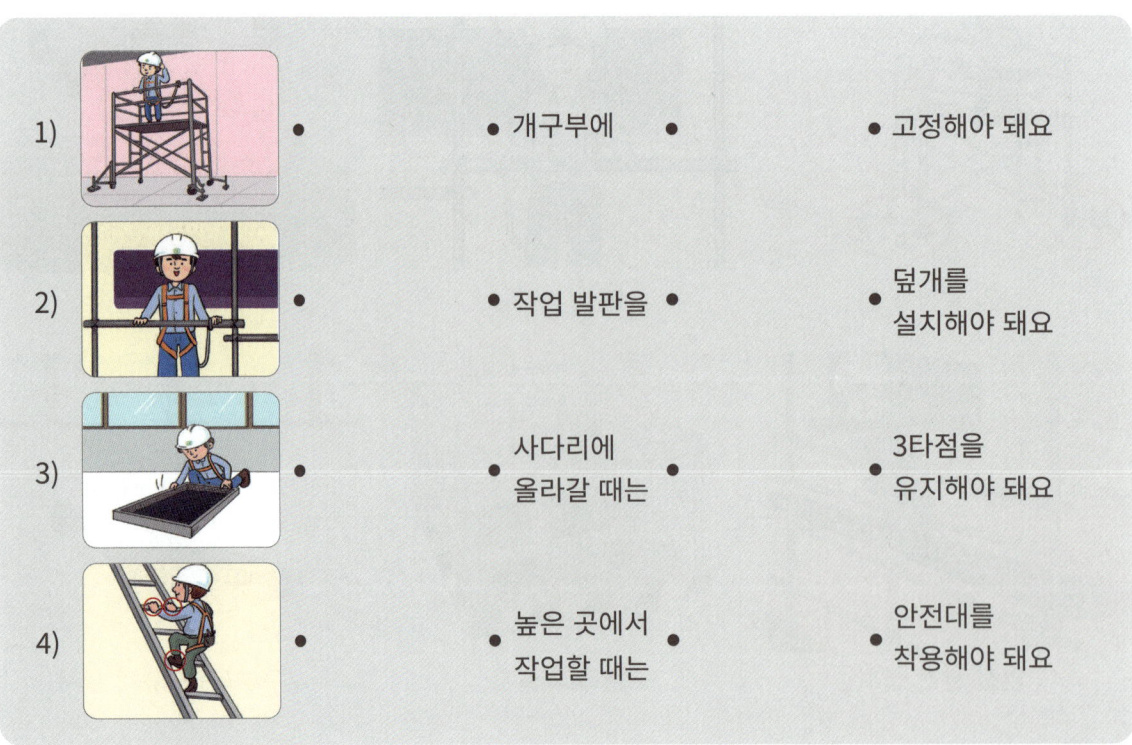

1)	개구부에	고정해야 돼요
2)	작업 발판을	덮개를 설치해야 돼요
3)	사다리에 올라갈 때는	3타점을 유지해야 돼요
4)	높은 곳에서 작업할 때는	안전대를 착용해야 돼요

 알아봅시다 1

1. 다음 표지판은 무슨 뜻일까요? 이야기해 보세요.

떨어짐주의

고소작업시 **추락주의**

떨어짐 위험 접근 금지

2. 다음을 읽고 질문에 답하세요.

외부 비계에서 떨어짐 사고

1) 사고 발생 원인
   - 안전대 미착용
   - 작업 발판 설치 불량

2) 예방 수칙
   - 안전대 착용
   - 작업 발판 견고하게 고정

1) 무슨 사고예요?

① 미끄러짐 ② 걸려 넘어짐

③ 계단에서 떨어짐 ④ 높은 곳에서 떨어짐

2) 이 사고의 예방 수칙을 알맞게 연결하세요.

① 안전대를 •   • 고정해야 돼요

② 작업 발판을 •   • 착용해야 돼요

새 단어 외부 비계

 알아봅시다 2

1. 다음 표지판은 무슨 뜻일까요? 이야기해 보세요.

2. 다음을 읽고 질문에 답하세요.

사다리 안전 수칙
1) 안전모를 착용하세요.
2) 미끄러지지 않도록 고정하세요.
3) 걸친 길이는 60㎝ 이상으로 설치하세요.
4) 사다리 각도는 75° 이하로 설치하세요.
5) 3타점을 유지하세요(3타점: 두 손과 두 발을 3점 이상 접촉해야 해요).
6) 2인 1조로 작업하세요.

1) 사다리 작업할 때 무엇을 착용해요?

　① 귀마개　　② 안전모　　③ 용접면　　④ 보안경

2) 사다리 안전 수칙을 알맞게 연결하세요.

① 안전모를 　　•　　　　•　2인 1조로 하세요

② 걸친 길이는 　•　　　　•　착용하세요

③ 사다리 작업은 •　　　　•　60㎝ 이상으로 설치하세요

④ 사다리 각도는 •　　　　•　75° 이하로 설치하세요

 **알아봅시다 3**

1. 조선소에서 무슨 사고가 많이 일어나요? 이야기해 보세요.

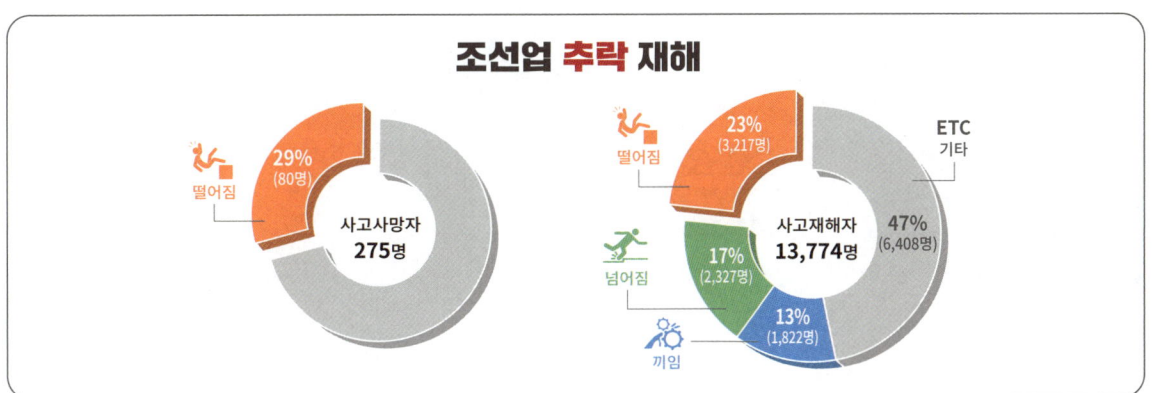

2. 다음을 읽고 질문에 답하세요.

1) 무슨 위험이 있어요?

① 화재　　　　② 질식　　　　③ 폭발　　　　④ 추락

2) 떨어짐 사고 예방 수칙을 알맞게 연결하세요.

① 안전대를　　　•

② 안전난간 설치를　　•　　　　• 확인하세요

③ 개구부 덮개 설치를　　•　　　• 착용하세요

새 단어　사망자　재해자

18 화재와 폭발 사고

▶ 화재와 폭발 사고의 원인은 뭘까요?
▶ 화재와 폭발 사고를 예방하려면 어떻게 해야 될까요?

주제	학습 목표	학습 내용
■ 화재 사고 ■ 폭발 사고	■ 화재 사고와 폭발 사고의 원인을 알 수 있다. ■ 화재 사고와 폭발 사고의 안전 수칙을 알고 예방할 수 있다.	■ 어휘와 표현: 화재 사고 원인, 폭발 사고 원인, 폭발 사고 예방 ■ 안전 관련: 불티의 특성 및 화재 예방 방법, 가스 누출 사고 예방, 화재·폭발 사고 예시와 대책

학습하기 전에

1. 잘 듣고 순서대로 연결하세요. 18-1

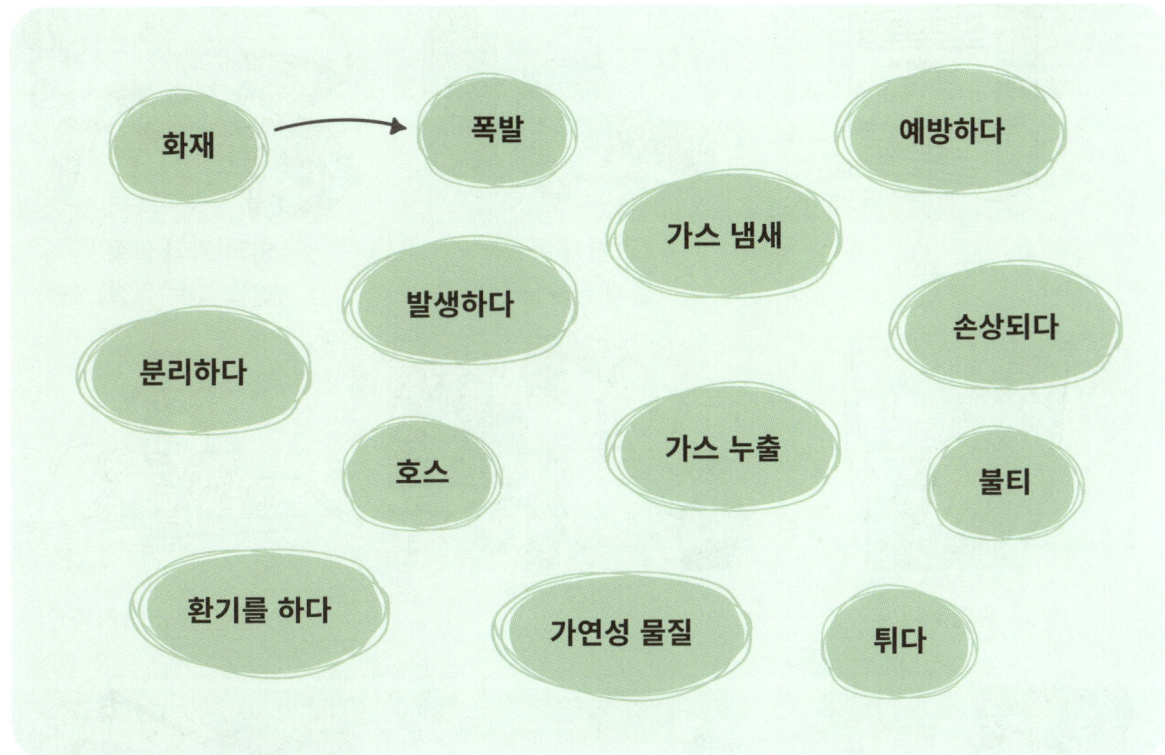

2. 잘 듣고 맞게 연결하세요. 18-2

1) 불꽃이 •   • 방치했어요

2) 화재가 •   • 튀었어요

3) 전기용량을 •   • 발생했어요

4) 토치를 •   • 훼손됐어요

5) 호스가 •   • 초과했어요

산업안전편 | 153

 **어휘와 표현**

1. 화재 사고 원인

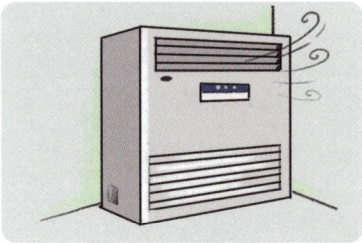
전기 기기

가연성 물질
(불에 타는 물질)

발화 위험 물질
(불을 내는 물질)

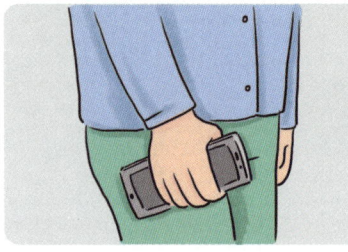
휴대하다

작업장 이면
(뒷면, 뒤쪽 면)

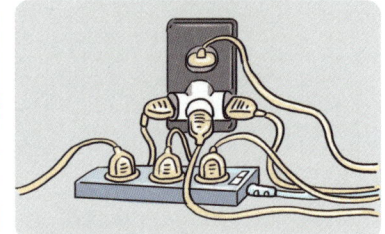
전기 용량을 초과하다

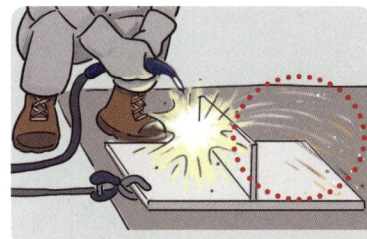
불티가(불꽃이, 불똥이) 튀다

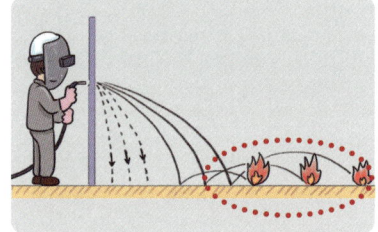
다시 튀기다 = 되튀김

화재가 발생하다

화기 작업

도장 작업

작업을 병행하다

발음에 주의하세요

원인[워닌]   용량[용냥]   작업[자겁]

2. 폭발 사고 원인

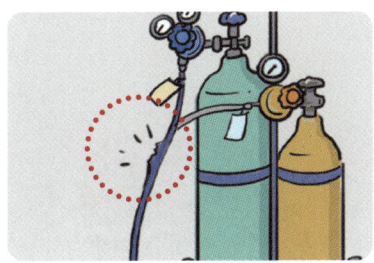
훼손되다/손상되다

방치하다/내버려두다

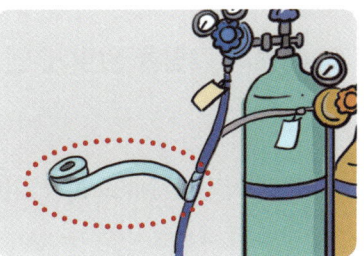
테이핑하다

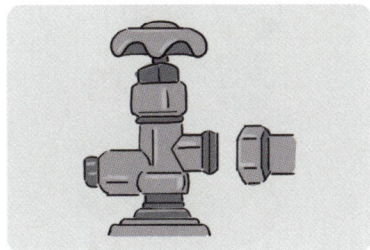
조임기구

가스가 누출되다

냄새가 심하다

3. 폭발 사고 예방

분리하다

폐기하다/버리다

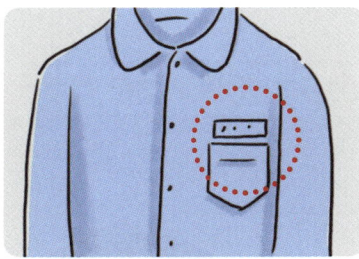
명찰을 부착하다

안전 점검을 하다

환기를 (실시)하다

벨브를 서서히 돌리다

발음에 주의하세요

분리하다[불리하다]   부착하다[부차카다]

 **연습**

1. 내용과 그림을 알맞게 연결하세요.

1) 화기작업과 도장작업을 병행하지 마세요.

2) 전기 용량을 초과하지 마세요.

3) 발화 위험 물질을 휴대하지 마세요.

4) 작업장 이면을 확인하세요.

2. <보기>에서 그림에 맞는 단어를 찾아 쓰세요.

<보기>   부착   분리   테이핑   폐기   환기

1)	가스호스예요	→	사용자 명찰을 (　　　)하세요.
2)	호스가 훼손됐어요	→	(　　　) 하지 마세요 　 버리세요 = (　　　)하세요.
3)	작업이 끝났어요	→	토치와 호스를 (　　　)하세요.
4)	전기기기를 사용해요	→	사용 전에 (　　　)를 하세요.

 **알아봅시다 1**

1. 다음 표지판은 무슨 뜻일까요? 이야기해 보세요.

2. 다음을 읽고 질문에 답하세요.

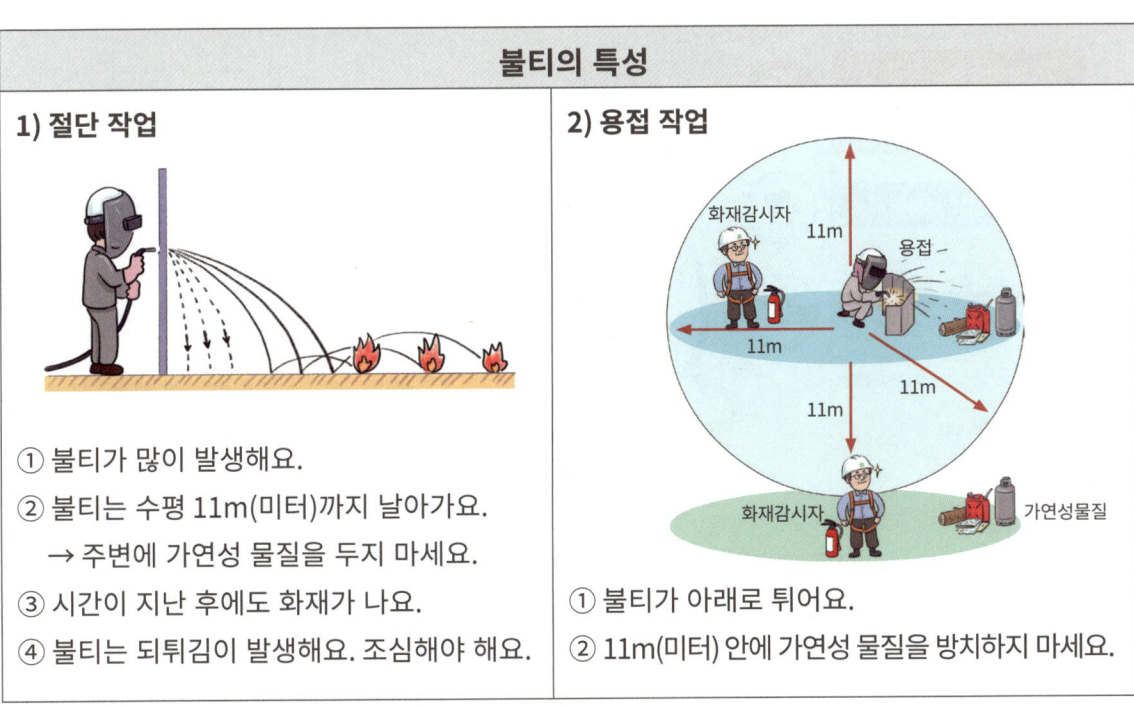

1) ( )안에 알맞게 쓰세요.

불티는 ( )까지 날아가요. 주변에 ( ) 물질을 두지 마세요.

2) 화재를 예방해야 해요. 용접작업할 때 무엇을 가깝게 두면 안돼요? 위의 그림 2)에서 찾아 X 하세요.

새 단어 절단 작업   예방하다

18과

산업안전편 | 157

 **알아봅시다 2**

1. 어떤 사고가 날까요? 무엇을 조심해야 할까요? 이야기해 보세요.

2. 다음을 읽고 질문에 답하세요.

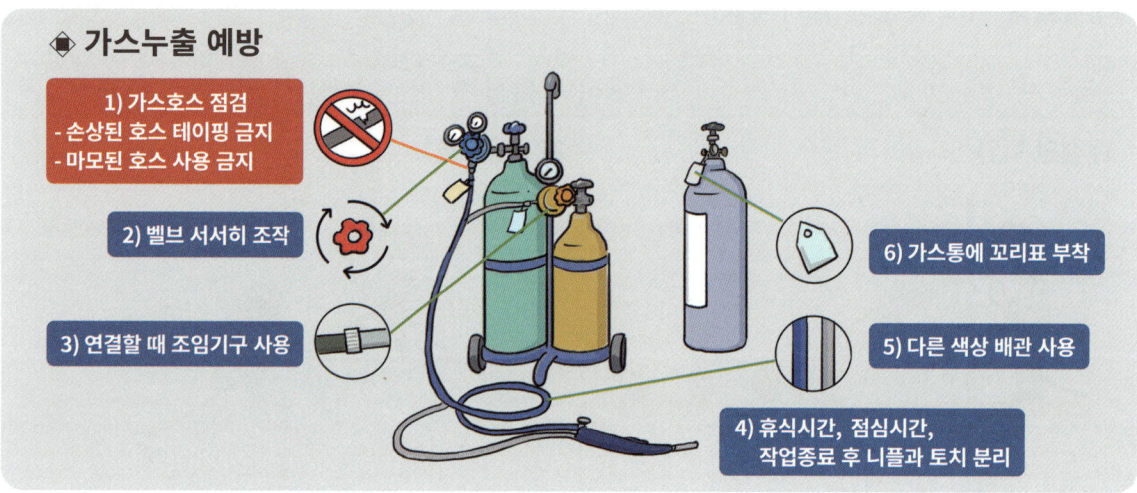

※ (   )에 알맞은 단어를 쓰세요.

	할 것 (○)	하지 말 것 (X)
1)	- 가스호스 점검	- 손상된 호스를 테이핑함 - 마모된 호스를 사용
2)	- 밸브를 ( ) 조작	- 밸브를 빨리 조작
3)	- 연결할 때 ( )(밴드, 클립)를 사용	- 손상된 토치를 사용
4)	- 휴식, 점심시간, 작업 종료 시 니플과 토치를 ( )	- 토치를 방치함
5)	- 가스통에 ( ) 부착	-
6)	- 다른 ( )의 배관을 사용	-

새 단어 조임 기구   색상   배관   꼬리표

 ## 알아봅시다 3

1. 다음을 읽고 질문에 답하세요.

◆ 화재 사고의 예시와 대책

[상황] 탱크 안에서 용접
[원인] 용접 중에 불꽃이 튀었어요. → 불꽃이 (아래에 있는) 공구통에 붙었어요.
 → 불꽃이 공구통 스프레이에 붙었어요. → 화재가 발생했어요.
[대책]
1) 작업 전에 **뒷면, 아래**를 점검하세요.
 주변에 불이 날 수 있는 물건(**가연물**)을 **확인하세요.**
2) 공구통을 현장에 **방치하지 마세요.**

◆ 폭발 사고의 예시와 대책

[상황] 작업 준비 중
[원인] 작업장에 가스 냄새가 심했어요. → 무시하고 작업을 했어요.
[대책]
1) 작업 전 : 환기를 해요.
2) 작업 중 : 가스 냄새가 나요.
 - 주변의 작업을 금지해요.
 - 환기를 해요.
3) 작업 후 : 니플을 분리해요.

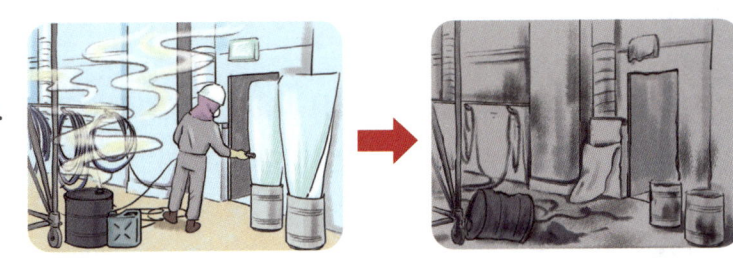

※ 화재와 폭발 사고 예방 수칙을 알맞게 연결하세요.

① 작업 전에 •   • 환기를 해요.

② 작업 중에 •   • 니플을 분리해요.

③ 작업 후에 •   • 가스 누출을 확인해요.

  • 가스 냄새가 나면 주변 작업을 중지해요.

  • 작업장 뒷면, 아래를 점검해요.

새 단어 예시 대책 무시하다 중지하다

19 협착(깔림·끼임) 사고

▶ 협착(깔림, 끼임) 사고는 왜 일어날까요?
▶ 협착 사고를 예방하려면 어떻게 해야 돼요?

상황	학습 목표	학습 내용
■ 다양한 협착 사고	■ 협착 사고의 원인과 유형을 알 수 있다. ■ 협착 사고 안전 수칙을 알고 예방할 수 있다.	■ 어휘와 표현: 협착 사고 유형, 협착 사고 원인, 협착 사고 예방 ■ 안전 관련: 크레인 협착 사고 예방 수칙, 레버플러 협착 사고 예방 수칙, 상황 별 끼임 사고 예방 수칙

학습하기 전에

1. 잘 듣고 순서대로 연결하세요. 19-1

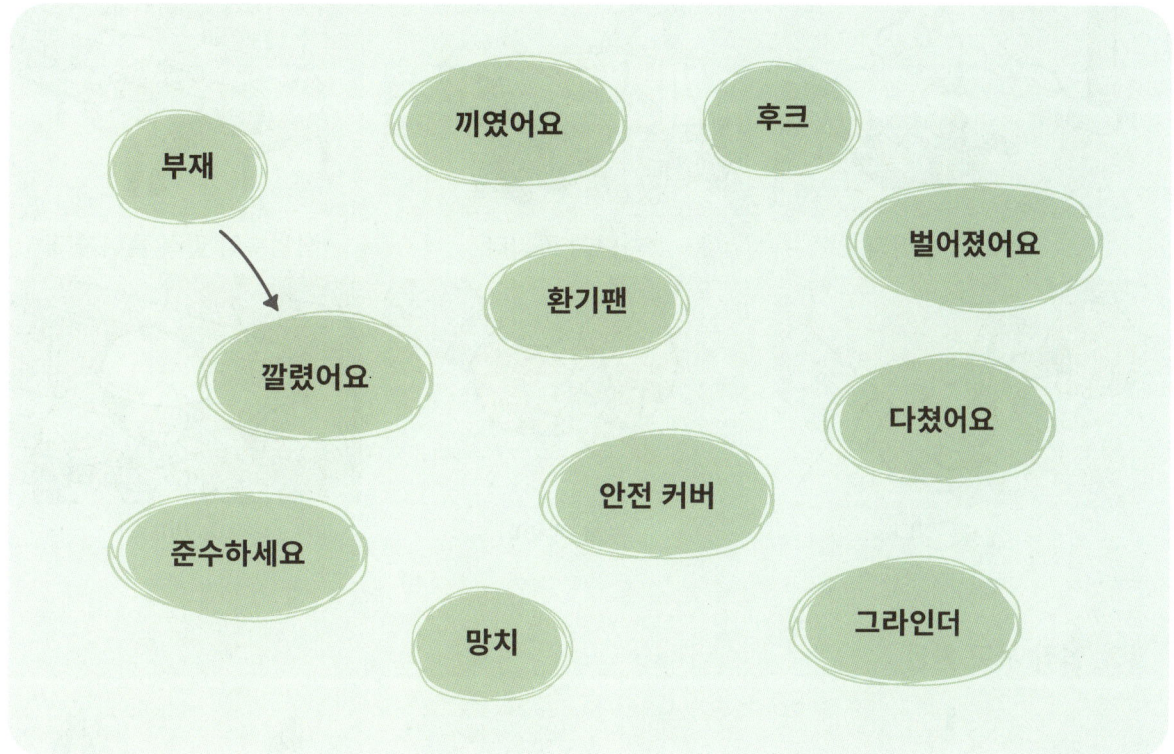

2. 잘 듣고 맞게 연결하세요. 19-2

1) 부재에　　　　•　　　　　　　　　　• 끼였어요

2) 손이　　　　　•　　　　　　　　　　• 깔렸어요

3) 안전 커버를　 •　　　　　　　　　　• 삽입하세요

4) 환기팬을　　　•　　　　　　　　　　• 해체하지 마세요

5) 부재를 클램프에 •　　　　　　　　　• 손으로 만지지 마세요

 ## 어휘와 표현

1. 협착 사고 유형

부재에 깔리다

차량에 깔리다

작업복이 말려 들어가다

손을 찧다

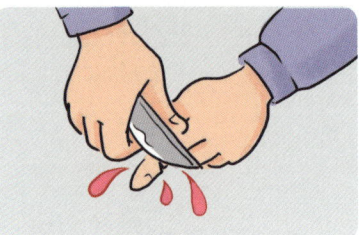
손을 베이다

손이 끼이다

2. 협착 사고 원인

적정하중을 초과하다

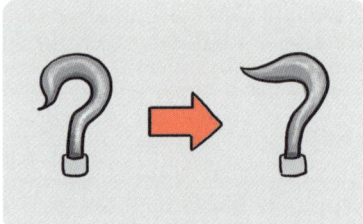
후크 입구가 벌어지다

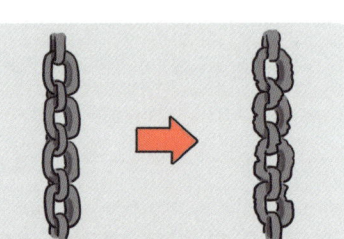
체인이 손상되다/부식되다

만지다/접촉하다

당기다

타격하다

발음에 주의하세요

찧다[찓따]   접촉하다[접초카다]   타격하다[타겨카다]

3. 협착 사고 예방

작업 신호를 준수하다

전원 차단을 확인하다

안전 커버를 해체하다

구름멈춤대

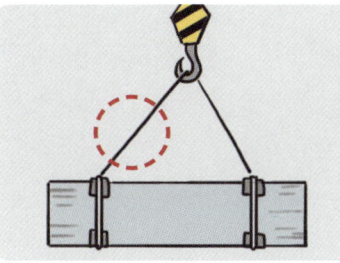
달줄

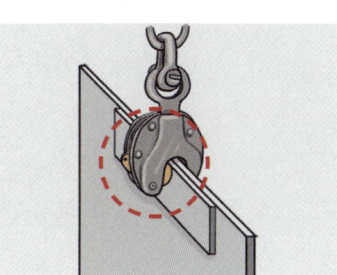
클램프 피스

환기팬

안전핀

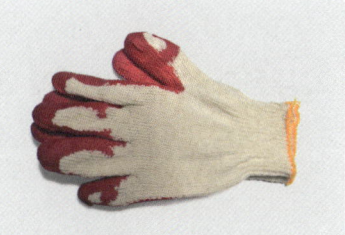
면장갑/목장갑

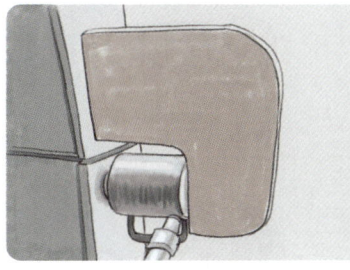
피스(우마)

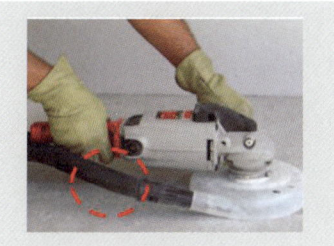
호스

망치 자루

발음에 주의하세요

신호[시노]

 **연습**

1. 내용과 그림을 알맞게 연결하세요.

   1) 부재에 깔렸어요.

   2) 망치에 손을 찧었어요.

   3) 작업복이 말려 들어갔어요.

2. 내용과 그림을 알맞게 연결하세요.

   1) 전원 차단을 확인하세요.

   2) 작업 신호를 준수하세요.

   3) 구름멈춤대를 설치하세요.

   4) 안전 커버를 해체하지 마세요.

   5) 회전 공구 작업할 때 목장갑을 끼지 마세요.

 ## 알아봅시다 1

1. 다음 표지판은 무슨 뜻일까요? 이야기해 보세요.

2. 다음을 읽고 질문에 답하세요.

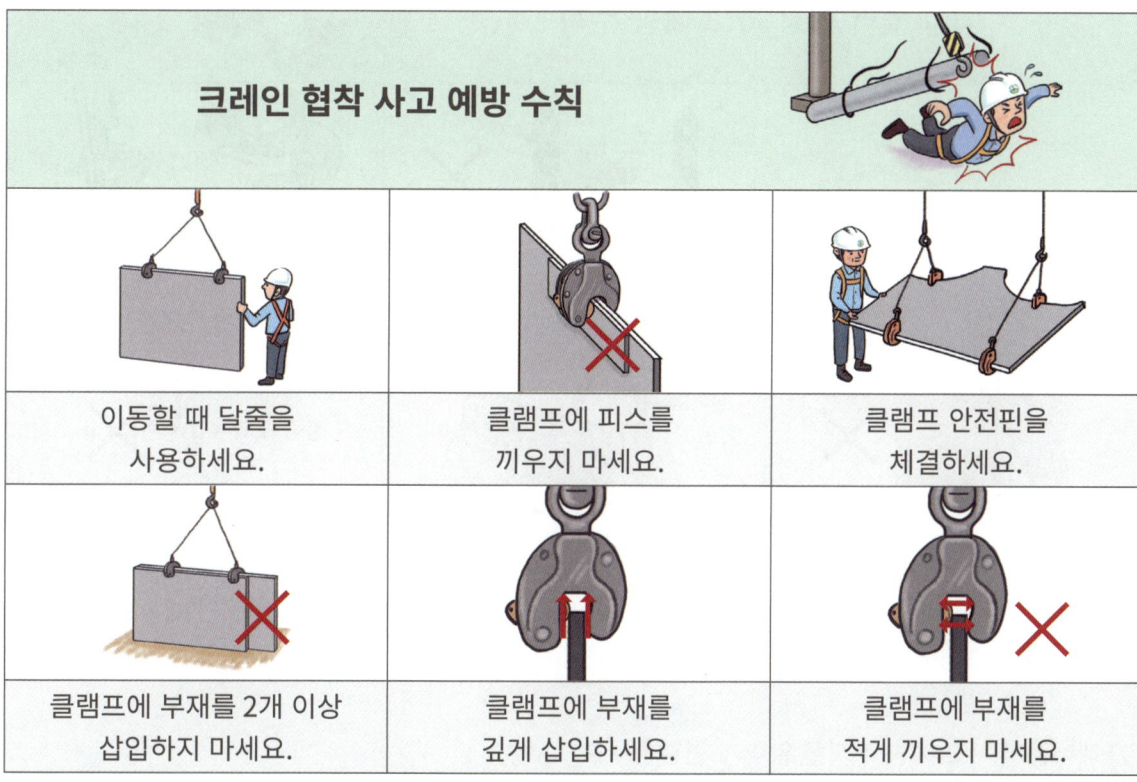

1) 안전을 위해 부재에 무엇을 체결해요?

　① 철판　　　② 피스　　　③ 레버플러　　　④ 클램프 안전핀

2) 크레인 사고 예방 수칙을 알맞게 연결하세요.

　① 부재를　•　　　　　　　　　• 깊게 삽입해요

　② 클램프에　•　　　　　　　　• 달줄을 사용해요

　③ 이동할 때　•　　　　　　　　• 피스를 끼우지 마세요

 ## 알아봅시다 2

1. 조선소에서 자주 발생하는 수공구 사고가 뭐예요? 이야기해 보세요.

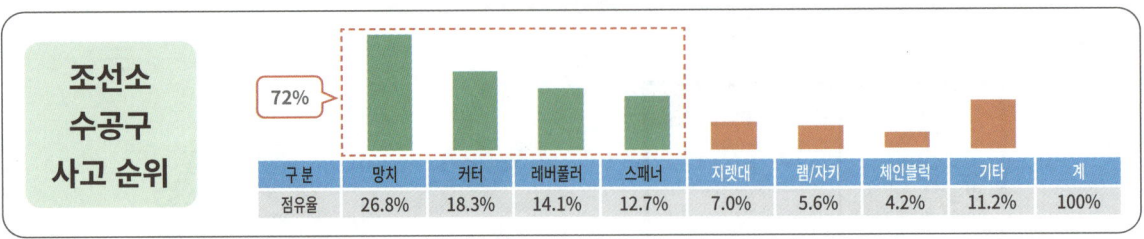

구분	망치	커터	레버풀러	스패너	지렛대	램/자키	체인블록	기타	계
점유율	26.8%	18.3%	14.1%	12.7%	7.0%	5.6%	4.2%	11.2%	100%

조선소 수공구 사고 순위 / 72%

2. 다음을 읽고 질문에 답하세요.

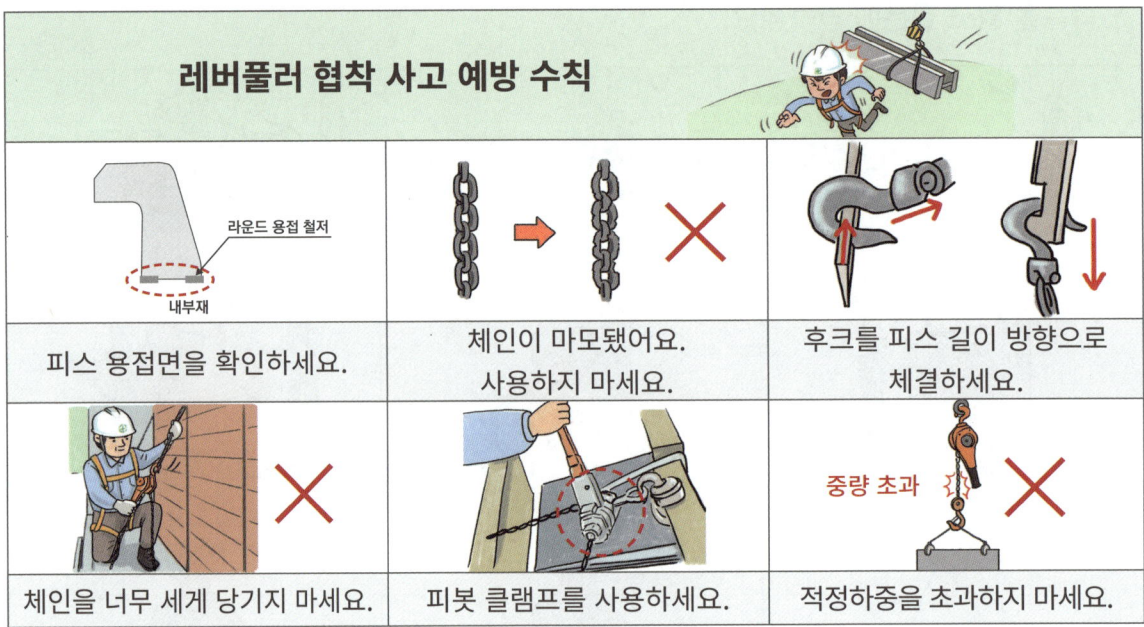

레버풀러 협착 사고 예방 수칙

- 피스 용접면을 확인하세요. (라운드 용접 철저 / 내부재)
- 체인이 마모됐어요. 사용하지 마세요.
- 후크를 피스 길이 방향으로 체결하세요.
- 체인을 너무 세게 당기지 마세요.
- 피봇 클램프를 사용하세요.
- 적정하중을 초과하지 마세요. (중량 초과)

1) 레버풀러 작업을 할 때 안전을 위해 무엇을 사용해요?

　① 망치　　② 호스　　③ 전공칼　　④ 피봇 클램프

2) 레버풀러 사고 예방 수칙을 알맞게 연결하세요.

　① 마모된 체인을　•　　　　• 초과하면 안 돼요

　② 체인을　•　　　　• 너무 세게 당기면 안 돼요

　③ 적정하중을　•　　　　• 사용하면 안 돼요

> **Tip**
> 'V-으면/면 안 돼요' 'V-지 마세요(금지)'와 뜻이 같아요.
> [받침 O] V-으면 안 돼요　먹다 ↔ 먹으면 안 돼요　찢다 ↔ 찢으면 안 돼요
> 　　　　　　　　　　　　불이 붙다 ↔ 불이 붙으면 안 돼요
> [받침 X, ㄹ받침] V-면 안 돼요　가다 ↔ 가면 안 돼요　초과하다 ↔ 초과하면 안 돼요
> 　　　　　　　　　　　　당기다 ↔ 당기면 안 돼요

 ## 알아봅시다 3

1. 일할 때 어디를 제일 많이 다쳐요? 이야기해 보세요.

신체부위별 **상해** — 손 62.0% / 몸통 12.7% / 얼굴 11.3% / 팔·다리 8.5% / 발 5.6%

2. 다음을 읽고 질문에 답하세요.

끼임 사고 유형	상황별 예방 수칙	
 환기팬에 손이 끼였어요!	 손으로 만지지 마세요.	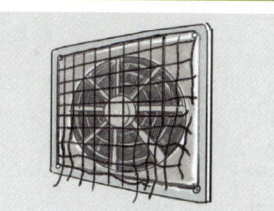 환기팬 용접 상태를 확인하세요.
 그라인더 숫돌에 손을 다쳤어요!	 숫돌과 안전 커버를 점검하세요. 안전 커버를 해체하지 마세요.	 이동할 때 호스를 확인하세요.
 망치에 손을 찧었어요!	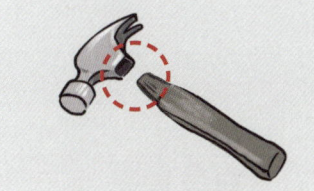 망치 자루가 빠지는지 확인하세요.	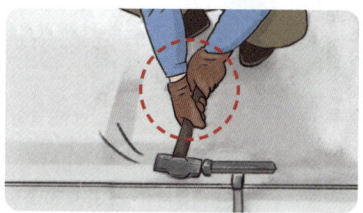 망치를 두 손으로 잡고 타격하세요.

1) 그라인더 작업에서 이동할 때 무엇을 확인해요?

　① 호스　　② 숫돌　　③ 환기팬　　④ 안전 커버

2) 끼임 사고 예방 수칙을 알맞게 연결하세요.

　① 망치를　　•　　　　　　• 해체하면 안 돼요

　② 환기팬을　•　　　　　　• 손으로 만지면 안 돼요

　③ 안전 커버를 •　　　　　• 두 손으로 잡고 타격해요

20 충돌(부딪힘), 낙하·비래(맞음) 사고

▶ 충돌 사고는 왜 일어날까요?
▶ 충돌 사고를 예방하려면 어떻게 해야 돼요?

상황
- 사람이나 장비, 물품, 차량 등과 충돌하는 사고
- 떨어지거나 날아오는 것에 맞는 사고

학습 목표
- 충돌, 낙하·비래 사고의 원인과 유형을 알 수 있다.
- 충돌, 낙하·비래의 안전 수칙을 알고 예방할 수 있다.

학습 내용
- 어휘와 표현: 충돌 및 낙하·비래 사고 원인, 충돌 및 낙하·비래 사고 예방 수칙
- 안전 관련: 이동식 크레인 안전 수칙, 그라인더 작업 중 안전 수칙, 지게차 작업 안전 수칙

학습하기 전에

1. 잘 듣고 순서대로 연결하세요. 20-1

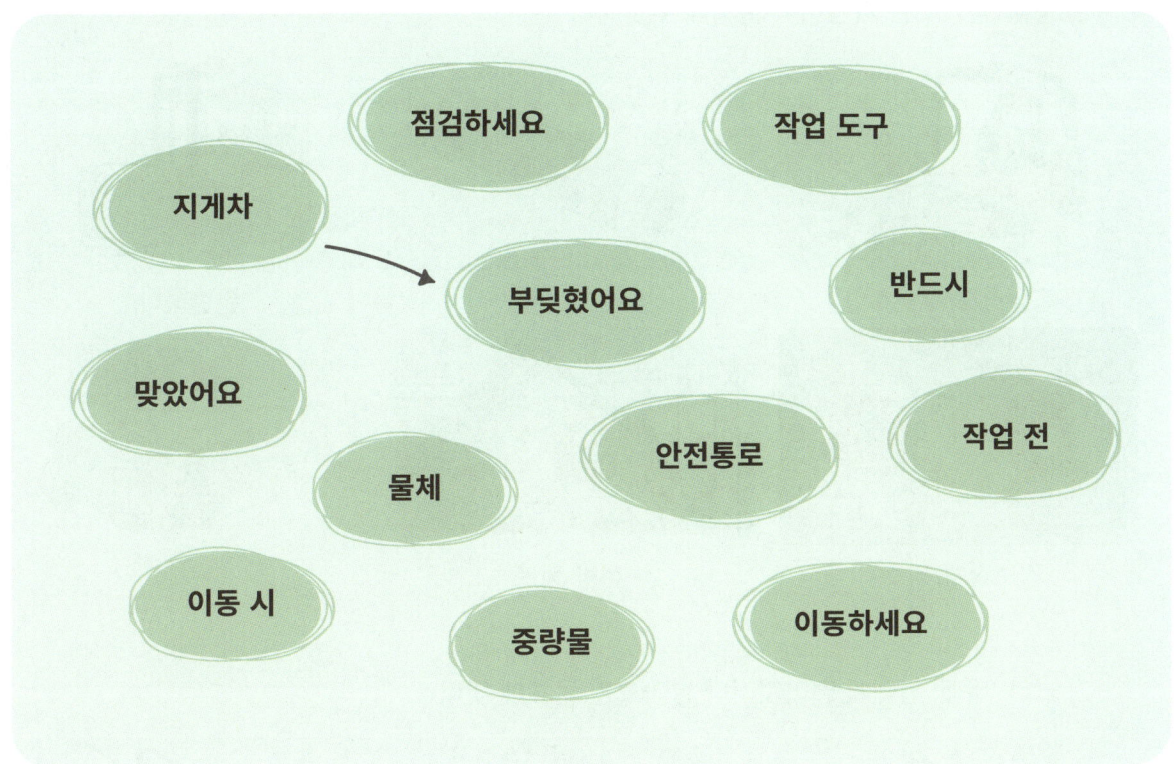

2. 잘 듣고 맞게 연결하세요. 20-2

1) 작업 도구를 ● ● 맞았어요

2) 지게차에 ● ● 부딪혔어요

3) 안전 점검을 ● ● 작성하세요

4) 작업계획서를 ● ● 점검하세요

5) 날아오는 중량물에 ● ● 실시하세요

 어휘와 표현

1. 충돌 및 낙하·비래 사고 원인

1) 충돌: 움직이는 사람이나 물체에 부딪히다

충돌하다/부딪히다

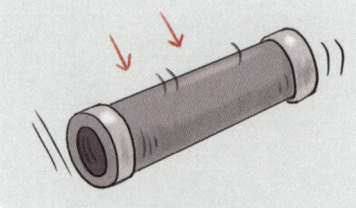
구르다

운반하다

경보장치/경보음

선박 램프

중량물

2) 낙하·비래: 위에서 떨어지거나 날아오는 물체에 맞다

(물체가) 날아오다

(물체에) 맞다

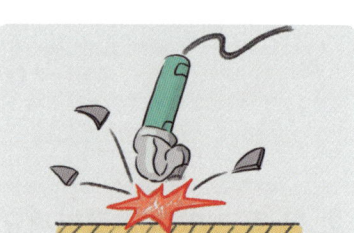
깨지다

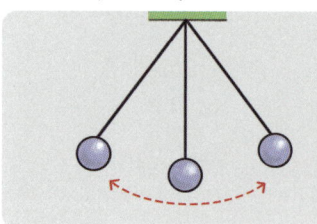
흔들리다

흔들리는 중량물

크레인 붐

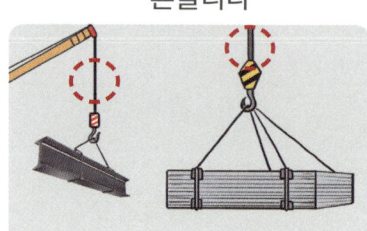
와이어로프

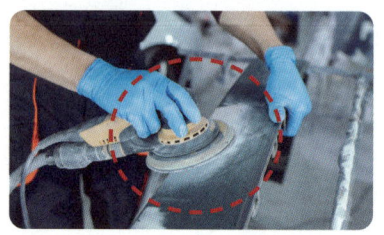
(휴대용)핸드그라인더

그라인더(연삭) 숫돌

2. 충돌과 낙하·비래 사고 예방 수칙

작업계획서	체크리스트	 작성하다
안전통로	안전장치	 안전 표지물
작업지휘자	작업신호수	(블록을) 배치하다
줄걸이	연결 부위	 와이어로프를 점검하다
측면으로 사용하다	정면으로 사용하다	 그라인더 안전커버

 **연습**

1. 내용과 그림을 알맞게 연결하세요.

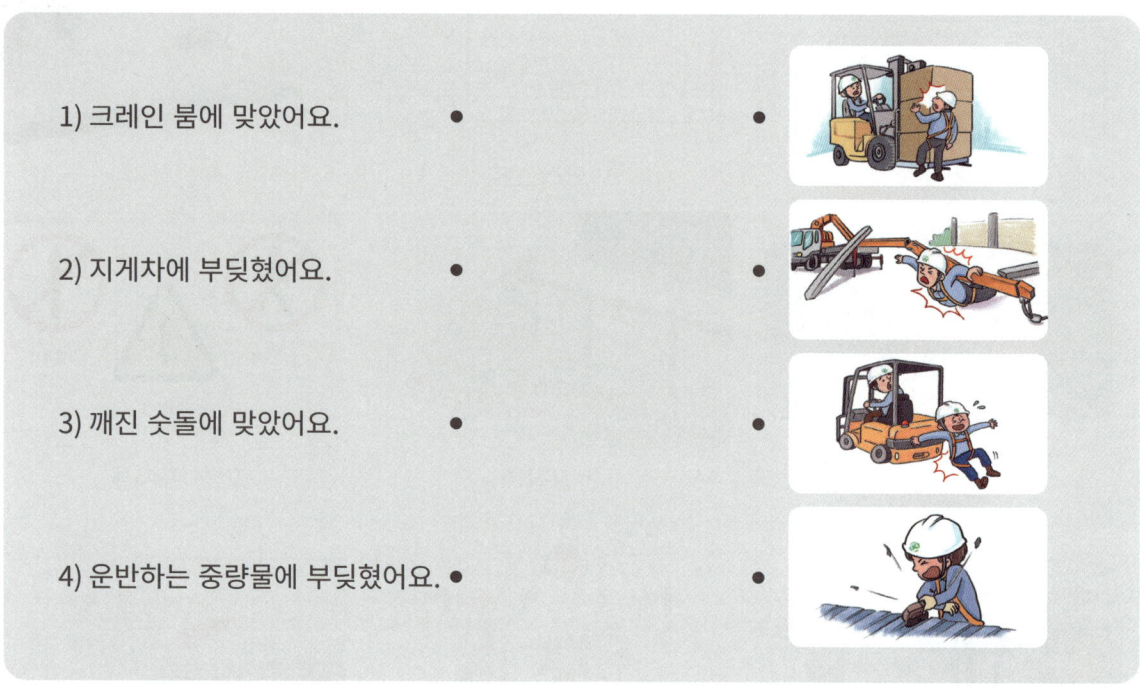

1) 크레인 붐에 맞았어요.

2) 지게차에 부딪혔어요.

3) 깨진 숫돌에 맞았어요.

4) 운반하는 중량물에 부딪혔어요.

2. 그림을 보고 알맞게 연결하세요.

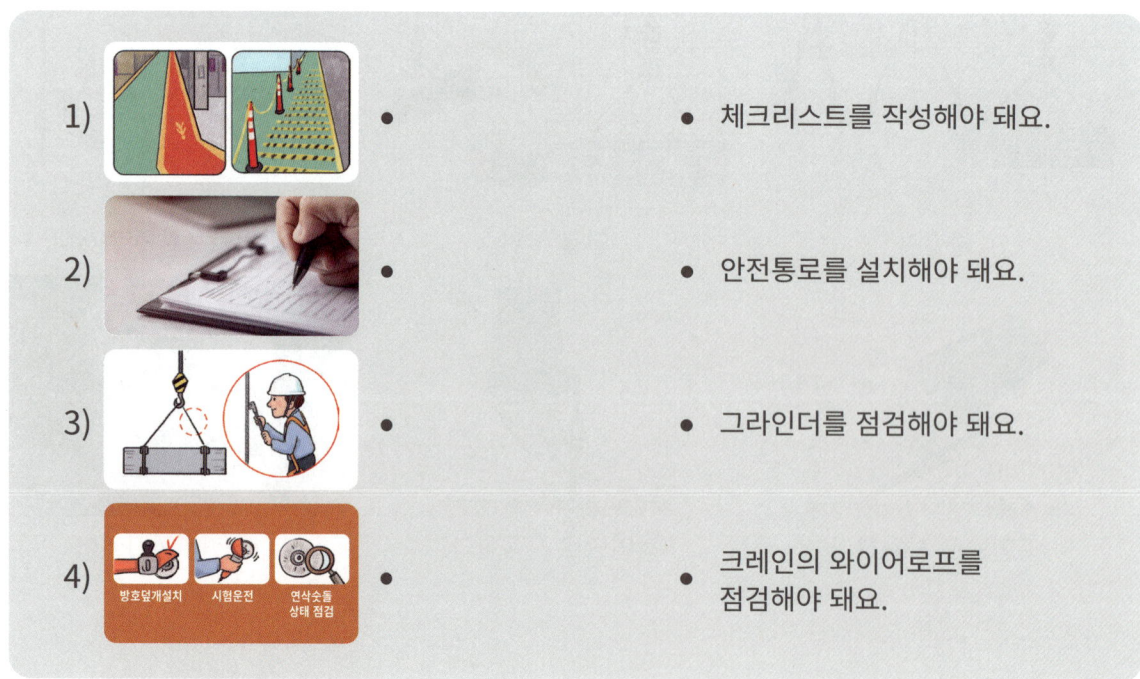

1) • 체크리스트를 작성해야 돼요.

2) • 안전통로를 설치해야 돼요.

3) • 그라인더를 점검해야 돼요.

4) • 크레인의 와이어로프를 점검해야 돼요.

 알아봅시다 1

1. 다음 표지판은 무슨 뜻일까요? 이야기해 보세요.

위험 장소 경고
Warning: hazardous site

출입금지
Nov entry

보행금지
No pedestrians

2. 다음을 읽고 질문에 답하세요.

이동식 크레인 안전 수칙

1) 작업계획서를 작성하세요.
2) 작업지휘자를 배치하세요.
3) 줄걸이 연결 부위를 점검하세요.
4) 크레인 작업 전에 붐과 와이어로프를 점검하세요.

1) 무슨 사고예요?

① 지게차에 부딪힘　　　　　② 크레인에 부딪힘
③ 크레인 붐에 맞음　　　　　④ 그라인드 숫돌에 맞음

2) 이 사고를 예방하기 위해 무엇을 점검해야 돼요? 모두 고르세요.

① 작업지휘자　　　　　　　② 작업계획서
③ 와이어로프　　　　　　　④ 줄걸이 연결 부위

새 단어　　경고　보행

 ## 알아봅시다 2

1. 무슨 작업에 대한 안전 수칙이에요? 이야기해보세요.

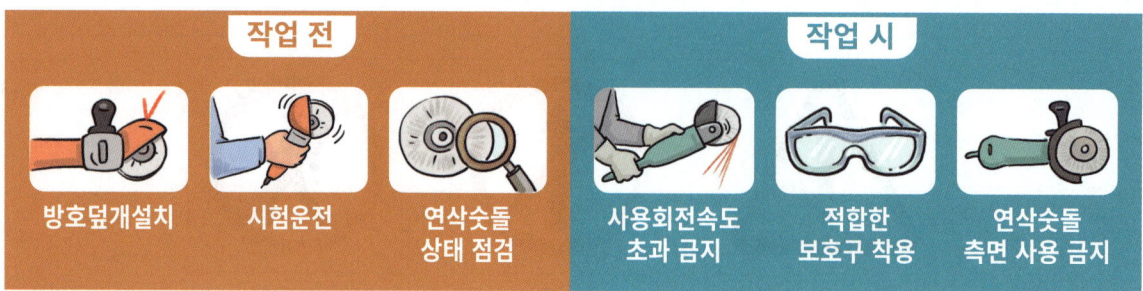

2. 다음을 읽고 물음에 답하세요.

그라인더 작업 중 안전 수칙

1) 안전화, 안전모, 보안경, 방진마스크를 반드시 착용하세요.
2) 그라인더의 숫돌을 점검하세요.
3) 안전커버를 꼭 확인하세요.
4) 그라인더 작업 전에 시험운전을 하세요.
5) 사용하지 않을 때 반드시 전원을 끄세요.

1) 그라인더를 사용할 때 반드시 착용해야 할 것입니다. 다음 중 아닌 것을 고르세요.

　① 보안경　　　② 안전모　　　③ 안전화　　　④ 안전 벨트

2) 그라인더 작업 안전 수칙으로 맞는 것을 고르세요.

　① 사용 전에 장비를 점검했어요.
　② 작업할 때 용접복을 입었어요.
　③ 그라인더에 안전커버가 없어요.
　④ 이동할 때 그라인더 전원을 안 껐어요.

새 단어	방호 덮개

 **알아봅시다 3**

1. 충돌, 낙하·비래 사고는 얼마나 많이 일어나요?

2. 다음을 읽고 물음에 답하세요.

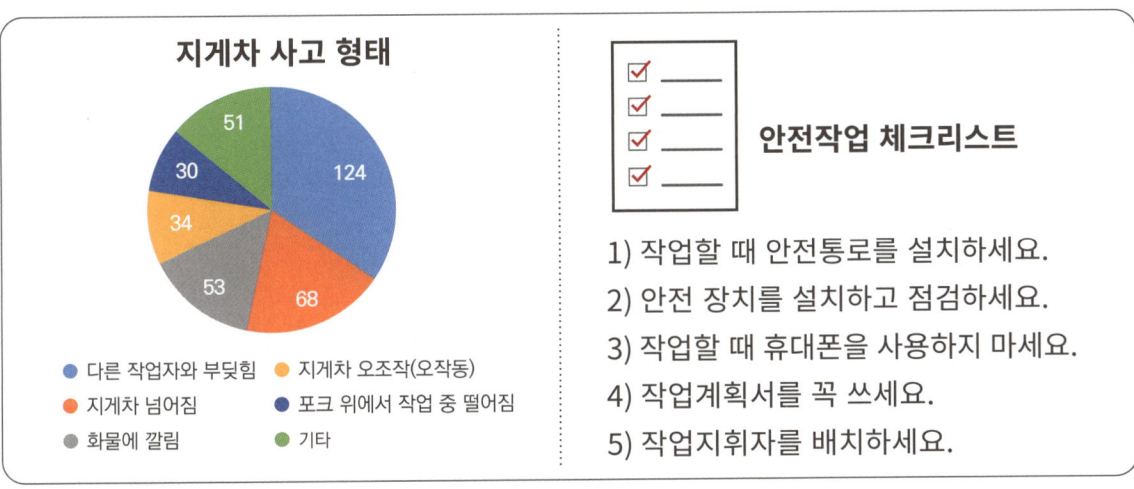

안전작업 체크리스트

1) 작업할 때 안전통로를 설치하세요.
2) 안전 장치를 설치하고 점검하세요.
3) 작업할 때 휴대폰을 사용하지 마세요.
4) 작업계획서를 꼭 쓰세요.
5) 작업지휘자를 배치하세요.

1) 지게차 작업에서 무슨 사고가 가장 많아요?

　① 화물에 깔림　② 지게차 넘어짐　③ 지게차 오작동　④ 다른 작업자와 부딪힘

2) 지게차 작업 안전 수칙으로 틀린 것을 고르세요.
　① 안전작업 체크리스트를 써요.
　② 작업지휘자를 배치해야 돼요.
　③ 작업할 때 휴대폰을 사용해요.
　④ 작업할 때 안전통로를 설치해요.

새 단어　오조작(오작동)

3 듣기 지문 / 정답

듣기 지문

1과 작업장이에요

 1-1

이분 → 저분 → 소장님 → 팀장님이에요 → 배 → 바다 → 조선소 → 조립공장 → 지게차예요 → 사무실 → 없어요 → 휴게실 → 있어요

 1-2

1) 작업장이에요.
2) 지게차예요.
3) 이분이 조장님이에요.
4) 저분이 누구예요?
5) 저분이 소장님이에요.

 1-3

1) 배
2) 사무실
3) 크레인
4) 작업장

 1-4

조장: 저는 조장 김영국이에요.
조원: 안녕하세요. 조장님.
조장: 민단 씨. 이분이 바크마 씨예요.
조원: 바크마 씨, 안녕하세요.

 1-5

조원: 여기가 어디예요?
조장: 작업장이에요.
조원: 사물함이 있어요?
조장: 네, 있어요.

 1-6

1. 작업장이에요.
2. 사물함이 있어요.
3. 이분이 바크마 씨예요.

2과 의장공장 3B로 가세요

 2-1

옆 → 위 → 보세요 → 왼쪽 → 뒤 → 용접하세요 → 작업하세요 → 오른쪽 → 가세요 → 아래 → 앞

 2-2

1) 위로 가세요.
2) 앞으로 오세요.
3) 공구통을 주세요.
4) 왼쪽으로 가세요.
5) 반장님을 보세요.

 **2-3**

1) 용접하세요.
2) 보세요.
3) 가세요.
4) 여세요.

 2-4

조장: 의장공장 3B로 가세요.
조원: 네, 알겠습니다.
조장: 2미터 정도 용접하세요.
조원: 네, 조장님.

 2-5

조장: 용접해.
조원: 어디로 가요?
조장: A205번지로 가.
조원: 네, 알겠습니다.

 2-6

1. 보세요.
2. 어디로 가요?
3. 사무실로 오세요.

3과 안전모를 착용하세요

 3-1

안전모 → 착용하세요 → 안전화 → 신으세요 → 안전벨트 → 꼭 → 매세요 → 용접면 → 반드시 → 써요 → 용접복 → 입어

 3-2

1) 안전모를 착용하세요.
2) 안전화를 신으세요.
3) 안전벨트를 매세요.
4) 용접면을 써요.
5) 용접복을 입어요.

 3-3

1) 안전화
2) 안전 장갑
3) 안전벨트
4) 안전모

 3-4

조장: 2B 작업장으로 이동하세요.
조원: 네.
조장: 안전벨트를 꼭 매세요.
조원: 네, 알겠습니다.

 3-5

조장: 안전벨트 매.
조원: 네, 지금 매요.
조장: 안전 장갑은 어디에 있어?
조원: 공구통에 있어요.

 3-6

1. 안전화를 신으세요.
2. 안전모를 반드시 착용하세요.
3. 안전벨트를 꼭 매세요.

4과 케이블을 연결하세요

 4-1

용접기 → 판넬 → 토치 → 어스선 → 와이어 → 케이블 → 접지선 → 피더기 → 가스호스 → 차단하세요 → 연결하세요 → 끌어 오세요

 4-2

1) 용접기가 있어요?
2) 피더기를 가져오세요.
3) 접지선에 연결하세요.
4) 케이블을 설치하세요.
5) 어스선을 연결해.

 4-3

1) 용접기
2) 와이어
3) 피더기
4) 토치

 4-4

조원: 케이블을 연결할까요?
조장: 네, 그리고 피더기를 가져오세요.
조원: 네, 조장님.
조장: 그다음에 용접기에 피더기를 연결하세요.

 4-5

조장: 전원을 켜.
조원: 네, 알겠습니다.
조장: 케이블을 끌고 와.
조원: 네, 그다음 뭐 할까요?

 4-6

1. 케이블을 연결하세요.
2. 전원을 켤까요?
3. 피더기를 가져오세요.

5과 토치를 조립하세요

 5-1

토치 → 조립했어요 → 교체하세요 → 절연관 → 디퓨저 → 끼우세요 → 잠그세요 → 마모됐어요 → 막혔어요 → 조립해 → 잠가요

 5-2

1) 토치를 조립했어요.
2) 팁이 막혔어요.
3) 디퓨저를 조립하세요.
4) 노즐을 잠그세요.
5) 팁에 노즐을 끼워요.

 5-3

1) 팁
2) 가스 디퓨저
3) 절연관
4) 노즐

 5-4

조장: 토치 바디에 디퓨저를 끼웠어요?
조원: 네, 끼웠어요.
조장: 디퓨저를 꽉 잠그세요.
조원: 네, 알겠습니다.

 5-5

조장: 토치 확인했어?
조원: 네, 확인했어요. 그런데 팁이 막혔어요.
조장: 팁을 교체해.
조원: 네.

 5-6

1. 토치를 조립하세요.
2. 노즐을 갈아 끼웠어요.
3. 팁이 막혔어요.

6과 전류와 전압을 확인하세요

 6-1

스위치 → 리모콘 → 맞아요 → 전압 → 나와요 → 가스 호스 → 충분해요 → 와이어 사양 → 확인하세요 → 보호 가스 → 체크하세요 → 부족해요

 6-2

1) 전류를 확인하세요.
2) 전압을 체크하세요.
3) 보호 가스가 안 나와요.
4) 와이어 양이 충분해요.
5) 와이어 사양이 맞아요.

 6-3

1) 전류
2) 전원
3) 리모콘
4) 가스체크 스위치

 6-4

조장: 전원을 확인하세요.
조원: 네, 확인했어요.
조장: 와이어 사양이 맞는지 체크했어요?
조원: 네, 체크했어요.

 6-5

조장: 전류와 전압을 확인해.
조원: 네, 확인했어요.
조장: 와이어 양이 충분한지 체크했어?
조원: 네, 충분해요.

 6-6

1. 전류와 전압을 확인하세요.
2. 와이어 양이 충분한지 체크하세요.
3. 보호가스가 나오는지 확인하세요.

7과 와이어를 장착하세요

 7-1

니퍼 → 펜치 → 와이어 홈 → 인칭스위치 → 송급 롤러 → 센터 기어 → 꺼내세요 → 끼워 넣으세요 → 장착하세요 → 자르세요 → 가압 조절 손잡이 → 밀어 넣으세요

 7-2

1) 와이어를 장착하세요.
2) 니퍼로 자르세요.
3) 펜치로 구부리세요.
4) 송급 롤러에 끼우세요.
5) 와이어 홈에 밀어 넣으세요.

 7-3

1) 고정핀
2) 송급 롤러
3) 인칭스위치
4) 가압 조절 손잡이

 7-4

조장: 와이어 가져왔어요?
조원: 네, 여기 있습니다.
조장: 와이어 홈에 와이어를 끼우세요.
조원: 네, 알겠습니다.

 7-5

조장: 피더기에 와이어를 장착했어?
조원: 네, 했어요.
조장: 와이어가 너무 길어. 니퍼로 잘라.
조원: 네, 알겠습니다.

 7-6

1. 와이어를 장착하세요.
2. 니퍼로 자르세요.
3. 와이어가 너무 길어요.

8과 전류와 전압을 조절하세요

 8-1

전류 → 낮아요 → 전압 → 높아요 → 조절하세요 → 높이세요 → 낮추세요 → 가스가 세요 → 세팅했어요 → 가스 유량 → 가스 밸브

 8-2

1) 가스 밸브를 여세요.
2) 가스 유량을 조절하세요.
3) 전류가 높아요.
4) 전압을 낮추세요.
5) 전류와 전압을 세팅하세요.

 8-3

1) 압력 조절 다이얼
2) 전류 다이얼
3) 전압 다이얼
4) 유량 지시볼

 8-4

조장: 전원을 켰어요?
조원: 네, 켰어요.
조장: 전류와 전압을 조절하고 용접하세요.
조원: 네, 알겠습니다.

 8-5

조장: 가스 유량 확인했어?
조원: 네, 확인했어요.
조장: 전류가 낮아. 전류를 높이고 용접해.
조원: 네, 알겠습니다.

 8-6

1. 전류와 전압을 조절하세요.
2. 전기를 세팅하고 용접하세요.
3. 전류를 높이고 용접하세요.

9과 작업장 환경을 점검하세요

 9-1

바람막이 → 바람이 불 때 → 환기팬 → 안전 장비 → 작업장 환경 → 밀폐 공간 → 케이블 결합 → 주위 → 산소 농도 → 점검하세요

 9-2

1) 작업장 환경을 점검하세요.
2) 이동할 때는 주위를 확인하세요.
3) 안전 장비를 점검하세요.
4) 환기 장치를 점검하세요.
5) 바람이 불 때는 바람막이를 설치하세요.

 9-3

1) 안전 장비
2) 작업장 환경
3) 모재와 노즐
4) 환기 장치

 9-4

조장: 작업 전에 작업장 환경을 점검하세요.
조원: 바람이 불 때는 어떻게 해요?
조장: 바람막이를 설치하세요.
조원: 네, 알겠습니다.

 9-5

조장: 작업 전에 안전 장비를 점검해.
조원: 네, 알겠습니다.
조장: 이동할 때는 항상 주위를 확인해.
조원: 네, 확인하겠습니다.

 9-6

1. 바람막이를 설치하세요.
2. 안전 장비를 점검하세요.
3. 이동할 때는 주위를 확인하세요.

10과 여기부터 저기까지 용접하세요

 10-1

이쪽부터 → 저쪽까지 → 무슨 → 용접해요? → 여기부터 → 저기까지 → 버티컬 용접 → 위보기 자세 → 필렛 용접 → 아래보기 자세 → 맞대기 용접 → 시작해

 10-2

1) 여기부터 용접해.
2) 맞대기 용접으로 작업해.
3) 거기까지 작업하세요.
4) 이쪽부터 시작해.
5) 아래보기 자세로 용접하세요.

 10-3

1) 어디
2) 저기
3) 어느 쪽
4) 거기

 10-4

조원: 어디를 용접할까요?
조장: 여기부터 저기까지 용접하세요.
조원: 무슨 방법으로 할까요?
조장: T이음으로 용접하세요.

 10-5

조장: 여기부터 거기까지 맞대기 용접해.
조원: 네, 알겠습니다. 무슨 자세로 용접할까요?
조장: 수직자세로 용접해.
조원: 네, 알겠습니다.

 10-6

1) 여기부터 저기까지 작업하세요.
2) 버티컬 용접하세요.
3) 후진법으로 겹치기 용접하세요.

11과 용접 속도를 유지해야 돼요

 11-1

비드 → 높아요 → 전압 → 조절하세요 → 비드 폭 → 넓어요 → 느리게 → 용접하세요 → 속도 → 일정하게 → 유지하세요 → 슬래터 → 제거하세요

 11-2

1) 속도가 빨라요.
2) 비드가 높아요.
3) 일정하게 유지하세요.
4) 비드 폭이 넓어요.
5) 전압을 조절하세요.

 11-3

1) 비드 폭이 좁아요.
2) 전류가 세요.
3) 비드가 낮아요.
4) 속도가 일정해요.

 11-4

조장: 여기부터 빨리 작업하세요.
조원: 네, 시작하겠습니다.
조장: 이쪽 비드가 낮아요. 와이어 길이를 짧게 조절하세요.
조원: 좀 더 짧게요? 네, 알겠습니다.

 11-5

조장: 비드 모양이 불규칙해.
조원: 그럼, 어떻게 해야 돼요?
조장: 와이어 길이를 조절하고 용접 속도를 일정하게 유지해.
조원: 네, 알겠습니다.

 11-6

1. 비드 폭이 좁아요.
2. 용접 속도를 유지해야 돼요.
3. 와이어 길이를 짧게 조절하세요.

12과 의장품을 설치하세요

 **12-1**

도면 → 클램프 → 크레인 리모콘 → 의장품 → 파이프 → 레버풀러 → 그라인더 → 조이세요 → 사상하세요 → 잡아당기세요 → 설치하세요 → 체인호이스트

 12-2

1) 크레인 리모콘으로 이동하세요.
2) 의장품을 설치하세요.
3) 그라인더 숫돌을 장착하세요.
4) 레버풀러를 잡아당기세요.
5) 체인호이스트를 들어 올리세요.

 12-3

1) 도면
2) 크레인 리모콘
3) 파이프
4) 의장품

 12-4

조장: 먼저 레버풀러에 클램프를 장착하세요.
조원: 이렇게 하면 돼요?
조장: 맞아요. 앞을 잘 보면서 잡아당기세요.
조원: 네, 알겠습니다.

 12-5

조장: 크레인 리모콘으로 의장품을 천천히 올려.
조원: 여기까지요?
조장: 아니, 조금 더 올려. 됐어. 동쪽으로 이동해.
조원: 네, 조금 더 갈까요?

 12-6

1. 의장품을 설치하세요.
2. 잘 보면서 조립하세요.
3. 그라인더 숫돌을 끼우세요.

13과 용접하기 전에 취부하세요

 13-1

베이비 그라인더→ 가스캣 → 절단하세요 → 육각렌치 → 슬래그 망치 → 측정하세요 → 각도기 → 처리하세요 → 취부하세요 → 고정시키세요 → 용접게이지 → 붙이세요

 13-2

1) 각도기로 맞추세요.
2) 줄자로 재세요.
3) 고정구로 고정시키세요.
4) 슬래그를 제거하세요.
5) 베이비 그라인더를 사용하세요.

 13-3

1) 베이비 그라인더
2) 가스캣
3) 육각렌치
4) 산소절단기

 13-4

조장: 의장품을 잘 장착했는지 확인하세요.
조원: 네, 그런데 여기가 조금 이상해요.
조장: 거기는 고정구로 다시 고정시키세요.
조원: 네, 알겠습니다.

 13-5

조장: 취부하기 전에 파이프를 잘 고정시켜야 돼.
조원: 네, 알겠습니다.
조장: 육각렌치로 여기를 더 조여봐.
조원: 네, 이 정도면 될까요?

 13-6

1. 여기를 취부하세요.
2. 용접하기 전에 슬래그를 제거하세요.
3. 파이프를 잘 고정시키세요.

14과 용접 결함을 보수하세요

 14-1

용접 결함 → 보수하세요 → 슬래그 → 섞였어요 → 언더필이에요 → 스패터 → 튀었어요 → 때가 묻었어요 → 비드가 좁아요 → 오버랩 됐어요 → 재작업하세요

 14-2

1) 슬래그가 섞였어요.
2) 언더컷을 보수하세요.
3) 크랙이 생겼으니까 재작업하세요.
4) 전류가 낮아서 오버랩 됐어요.
5) 먼지가 묻어서 지저분해요.

 14-3

1) 언더필
2) 용입 불량
3) 오버랩
4) 기공

 14-4

조장: 여기 재작업하세요.
조원: 용접 불량이에요?
조장: 전압이 낮아서 비드가 볼록해요. 전압을 높이세요.
조원: 네, 보수하겠습니다.

 14-5

조장: 여기 언더컷 됐어.
조원: 네, 확인하겠습니다.
조장: 전류가 높아. 전류를 낮추고 재작업해.
조원: 네,

 14-6

1. 결함을 보수하세요.
2. 아크가 짧아서 오버랩 됐어요.
3. 전류를 낮추고 재작업하세요.

15과 작업장을 정리하세요

 15-1

작업 완료 → 청소하세요 → 분리수거 → 쓰레기통에 버리세요 → 빗자루 → 정리정돈 → 말아 놓으세요 → 자재 → 종량제 봉투 → 퇴근

 15-2

1) 작업장을 정리하세요.
2) 안전 보호구를 정리하세요.
3) 보호가스를 차단하세요.
4) 피더기를 정리하세요.
5) 용접기 전원을 차단하세요.

 15-3

1) 빗자루로 쓸어요.
2) 걸레로 닦아요.
3) 솔로 털어요.
4) 보관함에 넣어요.

 15-4

조장: 작업이 끝났으니까 케이블을 정리하세요.
조원: 피더기도 사물함에 넣어야 돼요?
조장: 네, 그리고 작업장을 정리한 후에 퇴근하세요.
조원: 알겠습니다.

 15-5

반장: 작업이 끝난 후에 자재를 정리해.
조원: 네, 알겠습니다.
반장: 작업장을 깨끗이 청소한 후에 퇴근해.
조원: 네, 반장님.

 15-6

1. 작업장을 정리하세요.
2. 가스를 잠그세요.
3. 청소한 후에 퇴근해.

16과 절대수칙들 꼭 지키세요

 16-1

맞음 → 충돌 → 깔림 → 화재 → 폭발 → 떨어짐 → 불이 남 → 소화기 → 숨막힘 → 비상구 → 미끄러짐 → 유해물질

 16-2

1) 대피 장소로 이동하세요.
2) 유해물질이 있어요.
3) 가설물이 많아요.
4) 절대수칙을 꼭 지키세요.
5) 흡연을 하지 마세요.

17과 추락(떨어짐) 사고

 17-1

떨어지다 → 미끄러지다 → 추락하다 → 사다리 → 작업 발판 → 개구부 덮개 → 넘어지다 → 맨홀에 빠지다 → 안전 난간 → 안전대 착용

 17-2

1) 계단에서 미끄러졌어요.
2) 맨홀에 빠졌어요.
3) 높은 곳에서 떨어졌어요.
4) 물건에 걸려서 넘어졌어요.
5) 안전대를 착용하세요.

18과 화재와 폭발 사고

 18-1

화재 → 폭발 → 가스 냄새 → 가스 누출 → 환기를 하다 →
가연성 물질 → 불티 → 튀다 → 호스 → 분리하다 →
발생하다 → 손상되다 → 예방하다

 18-2

1) 불꽃이 튀었어요.
2) 화재가 발생했어요.
3) 전기용량을 초과했어요.
4) 토치를 방치했어요.
5) 호스가 훼손됐어요.

20과 충돌(부딪힘), 낙하·비래(맞음) 사고

 20-1

지게차 → 부딪혔어요 → 안전통로 → 이동하세요 →
중량물 → 이동 시 → 물체 → 맞았어요 → 작업 전 →
반드시 → 작업 도구 → 점검하세요

 20-2

1) 작업 도구를 점검하세요.
2) 지게차에 부딪혔어요.
3) 안전점검을 실시하세요.
4) 작업계획서를 작성하세요.
5) 날아오는 중량물에 맞았어요.

19과 협착(깔림·끼임) 사고

 19-1

부재 → 깔렸어요 → 환기팬 → 끼였어요 → 후크 →
벌어졌어요 → 다쳤어요 → 그라인더 → 망치 → 안전 커버
→ 준수하세요

 19-2

1) 부재에 깔렸어요.
2) 손이 끼였어요.
3) 안전 커버를 해체하지 마세요.
4) 환기팬을 손으로 만지지 마세요.
5) 부재를 클램프에 삽입하세요.

정답

1과 작업장이에요

P. 15

학습하기 전에

1. 이분 → 저분 → 소장님 → 팀장님이에요 → 배 → 바다 → 조선소 → 조립공장 → 지게차예요 → 사무실 → 없어요 → 휴게실 → 있어요

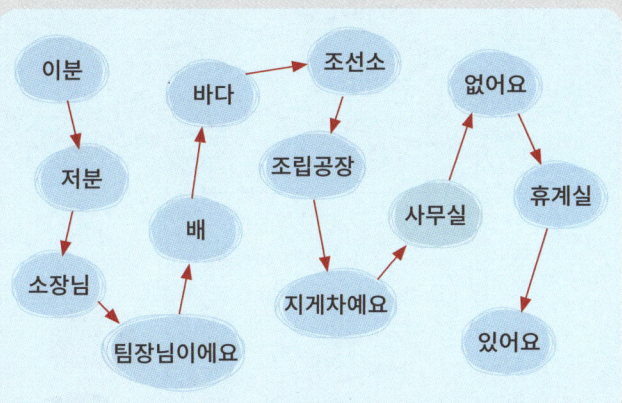

2. 1) 작업장 — 이에요
    2) 지게차 — 예요
    3) 이분이 — 누구예요?
    4) 저분이 — 소장님이에요
    5) 저분이 — 조장님이에요

연습1

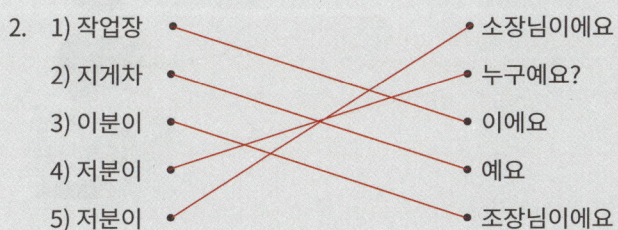

2. 1) 식당이 있어요.
   2) 지게차가 있어요.
   3) 배가 없어요.
   4) 휴게실이 없어요.

연습2

1. 1) 이분 2) 저분 3) 조장님 4) 수지 씨

2. 1) 아지즈백 씨예요.
   2) 조원 보반만이에요.
   3) 이분이 팀장님이에요.
   4) 저분이 건우 씨예요.

들어 보세요

1. 1) ③   2) ④

받아쓰세요

1. 작업장이에요.
2. 사물함이 있어요.
3. 이분이 바크마 씨예요.

2과 의장공장 3B로 가세요

P. 23

학습하기 전에

1. 옆 → 위 → 보세요 → 왼쪽 → 뒤 → 용접하세요 → 작업하세요 → 오른쪽 → 가세요 → 아래 → 앞

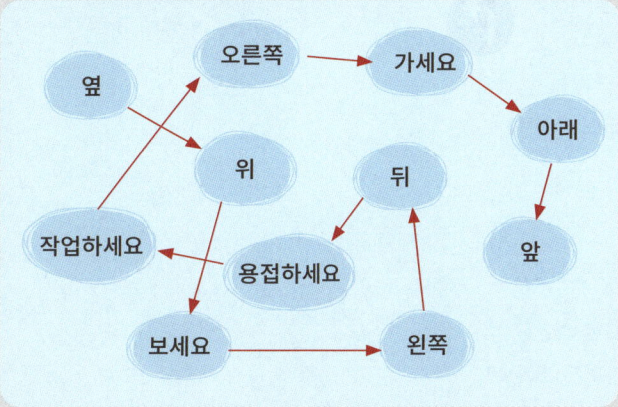

2. 1) 위로 — 가세요
   2) 앞으로 — 오세요
   3) 공구통을 — 주세요
   4) 왼쪽으로 — 보세요
   5) 반장님을 — 보세요

연습1

1.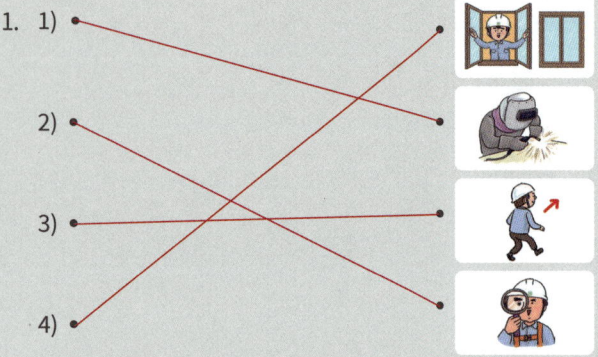

2. 1) 사무실로 오세요.
   2) 공구통을 주세요.
   3) 밸브를 닫으세요.
   4) 50센티미터 작업하세요.

연습2

1.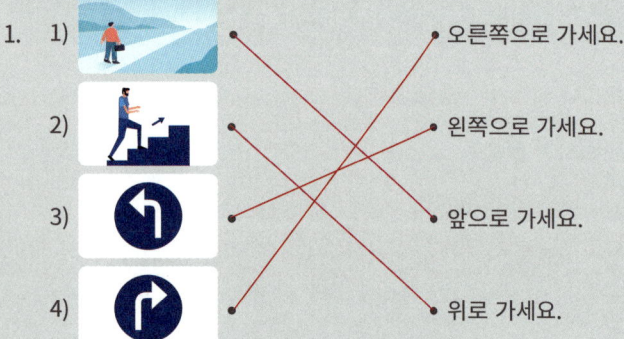

들어 보세요

1. 1) ③ 2) ④

받아쓰세요

1. 보세요.
2. 어디로 가요?
3. 사무실로 오세요

3과 안전모를 착용하세요

P. 31

학습하기 전에

1. 안전모 → 착용하세요 → 안전화 → 신으세요 → 안전벨트 → 꼭
   → 매세요 → 용접면 → 반드시 → 써요 → 용접복 → 입어

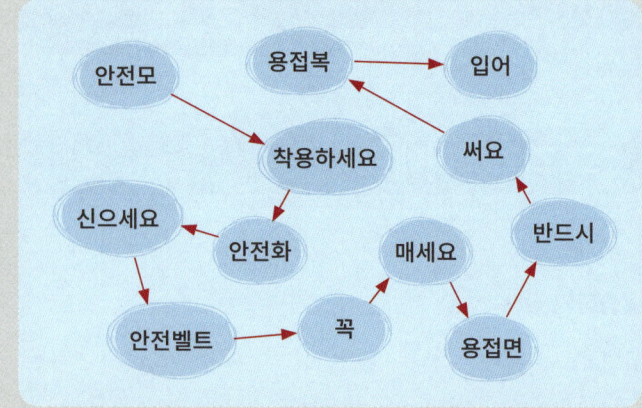

2. 1) 안전모를 — 매세요
   2) 안전화를 — 착용하세요
   3) 안전벨트를 — 써요
   4) 용접면을 — 신으세요
   5) 용접복을 — 입어요

연습1

1.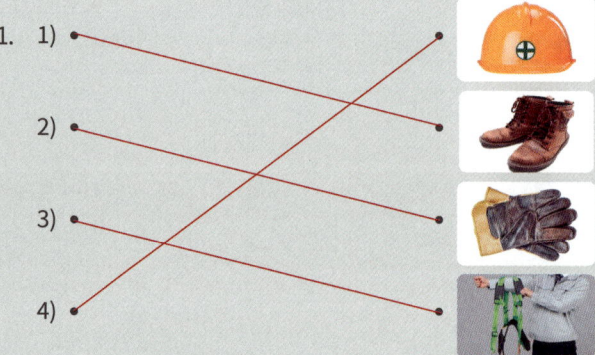

2. 1) 안전모를 착용하세요.
   2) 용접면을 착용하세요.
   3) 안전 장갑을 착용하세요.
   4) 안전벨트를 착용하세요.

연습2

1. 1) 마스크를 써요.
   2) 안전화를 신어요.
   3) 안전벨트를 매요.
   4) 안전 장갑을 껴요.

2. 1) 용접면을 써요.
   2) 안전 장갑을 껴요.
   3) 안전화를 신어요.
   4) 안전벨트를 매요.

들어 보세요

1. 1) ④　2) ②

받아쓰세요

1. 안전화를 신으세요.
2. 안전모를 반드시 착용하세요.
3. 안전벨트를 꼭 매세요.

4과 케이블을 연결하세요

P. 39

학습하기 전에

1. 용접기 → 판넬 → 토치 → 어스선 → 와이어 → 케이블 → 접지선 → 피더기 → 가스호스 → 차단하세요 → 연결하세요 → 끌어 오세요

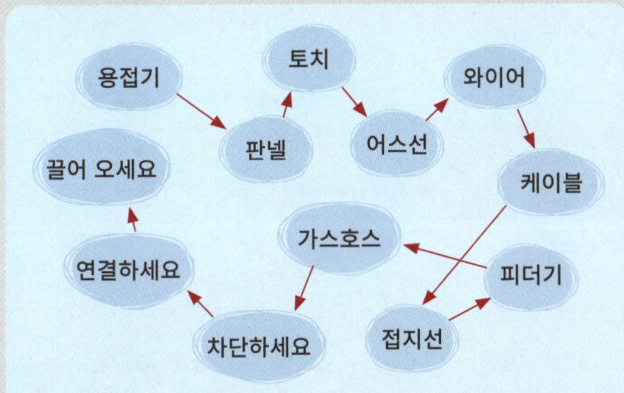

2. 1) 용접기가 — 있어요?
   2) 피더기를 — 가져오세요
   3) 접지선에 — 연결해
   4) 케이블을 — 설치하세요
   5) 어스선을 — 연결하세요

연습1

1.　1)　　　2)　　　3)　　　4)

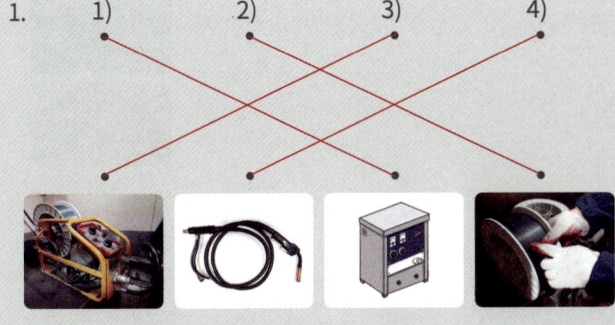

2. 1) 용접기에 케이블을 연결하세요.
   2) 피더기에 토치를 연결하세요.
   3) 판넬에 어스선을 연결하세요.
   4) 용접기에 가스호스를 연결하세요.

연습2

1. 1) 케이블을 걸어요　2) 전원을 켜요
   3) 스위치를 올려요　4) 전원을 차단해요

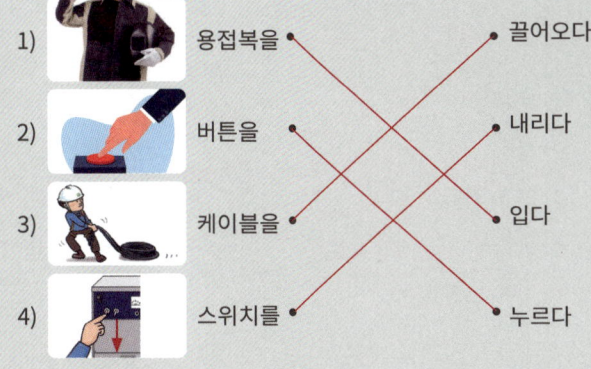

1) 용접복을 — 입다
2) 버튼을 — 누르다
3) 케이블을 — 끌어오다
4) 스위치를 — 내리다

1) 용접복을 입을까요?
2) 버튼을 누를까요?
3) 케이블을 끌어 올까요?
4) 스위치를 내릴까요?

들어 보세요

1. ①　2. ③

받아쓰세요

1. 케이블을 연결하세요.
2. 전원을 켤까요?
3. 피더기를 가져오세요.

5과 토치를 조립하세요

P. 47

학습하기 전에

1. 토치 → 조립했어요 → 교체하세요 → 절연관 → 디퓨저 → 끼우세요 → 잠그세요 → 마모됐어요 → 막혔어요 → 조립해 → 잠가요

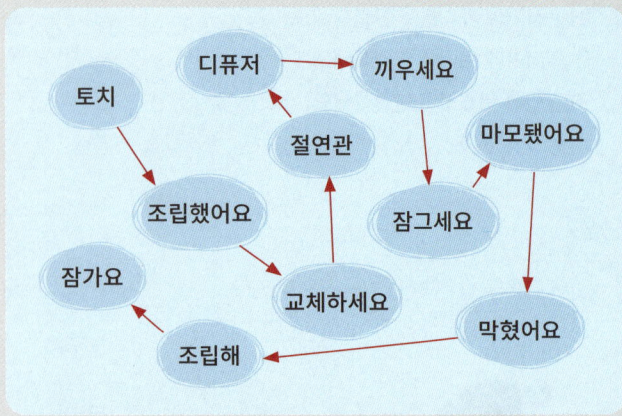

2. 1) 토치를 • • 막혔어요
   2) 팁이 • • 끼워요
   3) 디퓨저를 • • 조립했어요
   4) 노즐을 • • 조립하세요
   5) 팁에 노즐을 • • 잠그세요

연습1

1.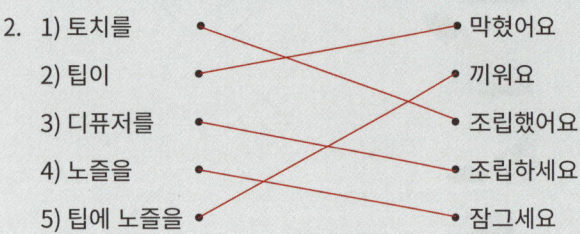

2. 1) 토치 바디에 가스 디퓨저를 조립하세요.
   2) 가스 디퓨저에 절연관을 조립하세요.
   3) 절연관에 팁을 체결하세요.
   4) 팁에 노즐을 체결하세요.

연습2

1. 1) 빼요 2) 끼워요 3) 잠가요 4) 교체해요

2. 1) 절연관을 잠갔어요.
   2) 팁이 닳았어요.
   3) 노즐을 교체했어요.
   4) 노즐에 슬래그가 붙었어요.

들어 보세요

1. 1) ② 2) ①

받아쓰세요

1. 토치를 조립하세요.
2. 노즐을 갈아 끼웠어요.
3. 팁이 막혔어요.

6과 전류와 전압을 확인하세요

P. 55

학습하기 전에

1. 스위치 → 리모콘 → 맞아요 → 전압 → 나와요 → 가스 호스 → 충분해요 → 와이어 사양 → 확인하세요 → 보호 가스 → 체크하세요 → 부족해요

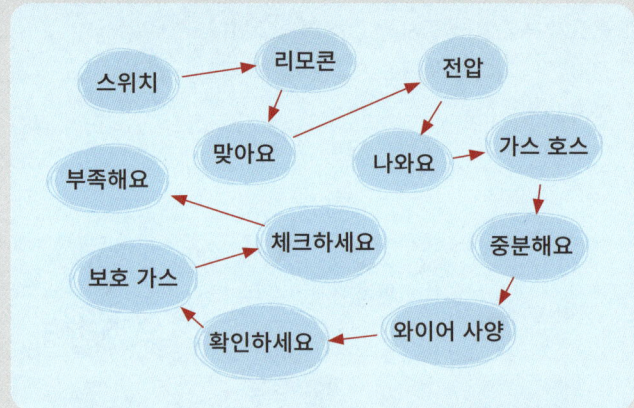

2. 1) 전류를 • • 안 나와요
   2) 전압을 • • 충분해요
   3) 보호 가스가 • • 확인하세요
   4) 와이어 양이 • • 체크하세요
   5) 와이어 사양이 • • 맞아요

연습1

1.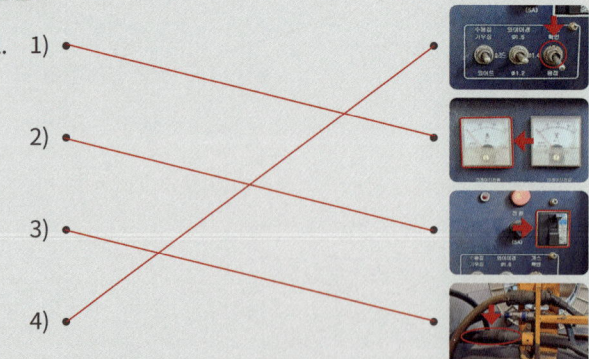

2. 1) 전압을 확인하세요.
   2) 와이어를 확인하세요.
   3) 토치선을 체크하세요.
   4) 가스 호스를 체크하세요.

연습2

1. 1) 맞아요 2) 충분해요 3) 부족해요 4) 나와요

2. 1) 와이어 사양이 맞는지 확인하세요.
   2) 보호 가스가 나오는지 확인하세요.
   3) 와이어 양이 적당한지 체크하세요.
   4) 케이블을 연결했는지 체크하세요.

들어 보세요

1. 1) ④   2) ③

받아쓰세요

1. 전류와 전압을 확인하세요.
2. 와이어 양이 충분한지 체크하세요.
3. 보호가스가 나오는지 확인하세요.

7과 와이어를 장착하세요

P. 63

학습하기 전에

1. 니퍼 → 펜치 → 와이어 홈 → 인칭스위치 → 송급 롤러 → 센터 기어 → 꺼내세요 → 끼워 넣으세요 → 장착하세요 → 자르세요 → 가압 조절 손잡이 → 밀어 넣으세요

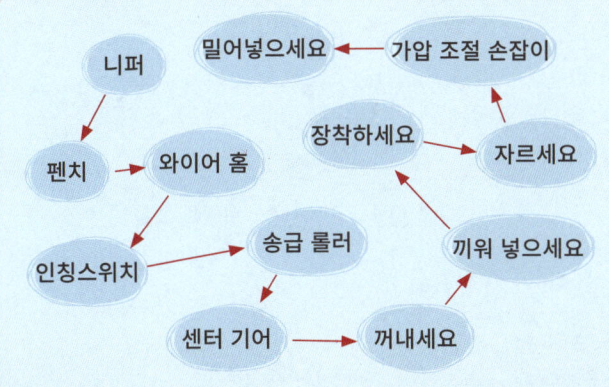

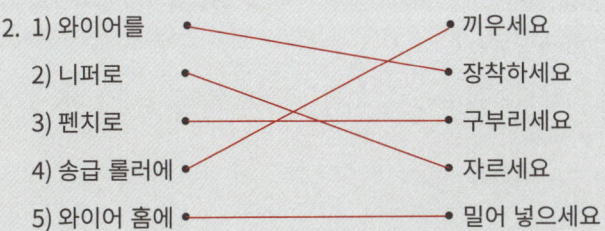

연습1

1.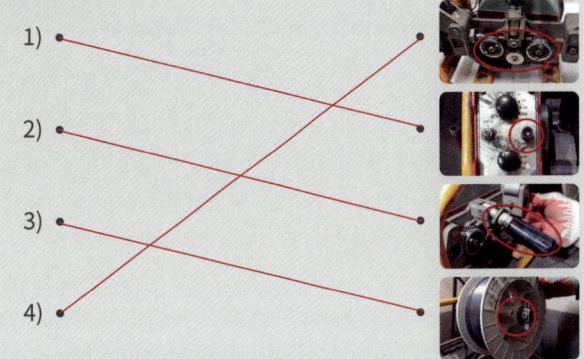

2. 1) 피더기에 토치를 장착하세요.
   2) 송급롤러에 와이어를 장착하세요.
   3) 와이어 핀에 와이어를 장착하세요.
   4) 와이어 홈에 와이어를 장착하세요.

연습2

1.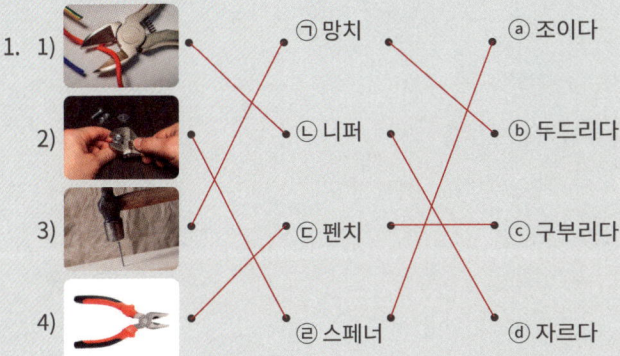

2. 1) 나사를 드라이버로 돌리세요.
   2) 구멍을 전동드릴로 뚫으세요.
   3) 볼트를 스패너로 조이세요.
   4) 와이어를 손으로 밀어 넣으세요.

들어 보세요

1. 1) ②   2) ②

받아쓰세요

1. 와이어를 장착하세요.
2. 니퍼로 자르세요.
3. 와이어가 너무 길어요.

정답 | 191

8과 전류와 전압을 조절하세요

P. 71

학습하기 전에

1. 전류 → 낮아요 → 전압 → 높아요 → 조절하세요 → 높이세요 → 낮추세요 → 가스가 세요 → 세팅했어요 → 가스 유량 → 가스 밸브

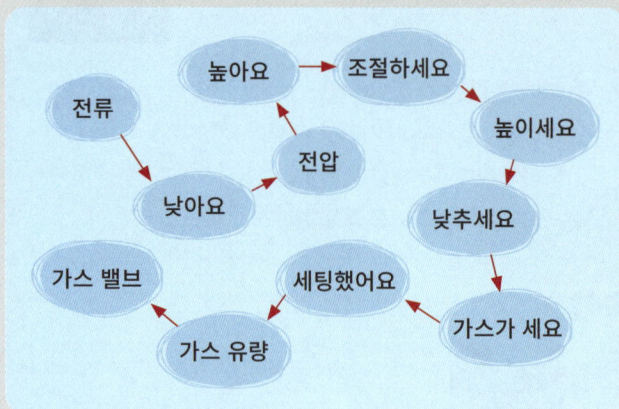

2. 1) 가스 밸브를 — 여세요
   2) 가스 유량을 — 조절하세요
   3) 전류가 — 높아요
   4) 전압을 — 세팅하세요
   5) 전류와 전압을 — 낮추세요

연습1

1.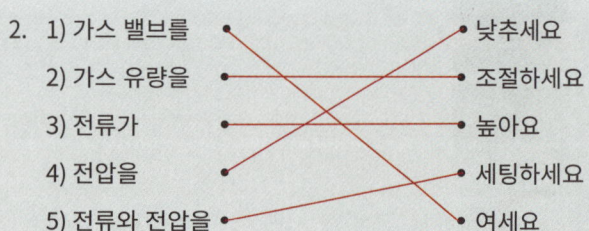

2. 1) 전류를 조절하세요.
   2) 전압을 조절하세요.
   3) 전류와 전압을 세팅하세요.
   4) 가스 유량과 전기를 세팅하세요.

연습2

1. 1) 전류를 높여요   2) 전압을 내려요
   3) 가스 밸브를 열어요   4) 가스 밸브를 닫아요

2. 1) 전압을 낮추고 용접하세요.
   2) 전류를 높이고 용접하세요.
   3) 가스 유량을 조절하고 전기를 세팅하세요.
   4) 가스 체크 버튼을 누르고 가스 유량을 조절하세요.

들어 보세요

1. 1) ④   2) ④

받아쓰세요

1. 전류와 전압을 조절하세요.
2. 전기를 세팅하고 용접하세요.
3. 전류를 높이고 용접하세요.

9과 작업장 환경을 점검하세요

P. 79

학습하기 전에

1. 바람막이 → 바람이 불 때 → 환기팬 → 안전 장비 → 작업장 환경 → 밀폐 공간 → 케이블 결합 → 주위 → 산소 농도 → 점검하세요

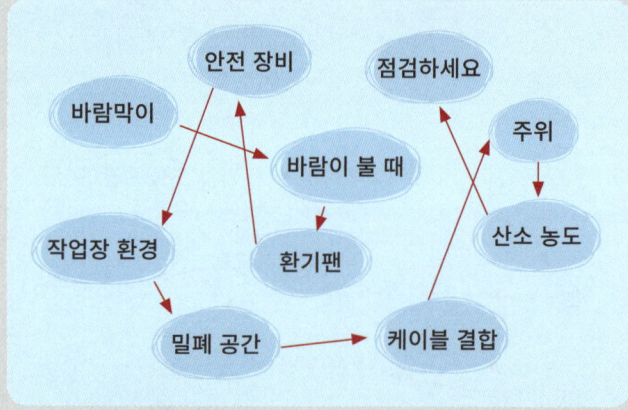

2. 1) 작업장 환경을 — 점검하세요
   2) 이동할 때는 —
   3) 안전 장비를 — 바람막이를 설치하세요
   4) 환기 장치를 —
   5) 바람이 불 때는 — 주위를 확인하세요

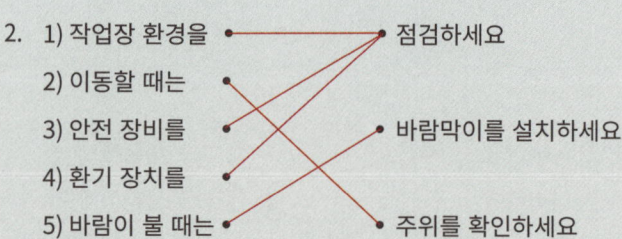

연습1

1.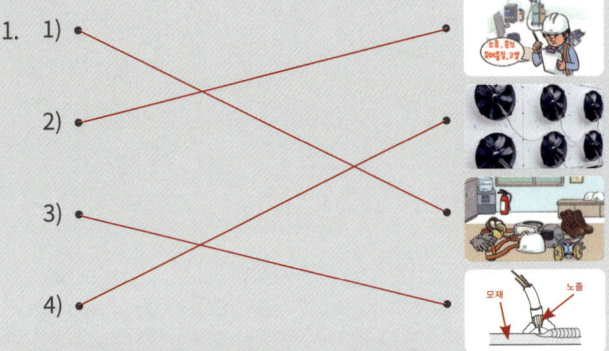

2. 1) 환기장치를 점검하세요.
   2) 작업장 환경을 점검하세요.
   3) 바람의 속도를 점검하세요.
   4) 모재의 청결 상태를 점검하세요.

연습2

1.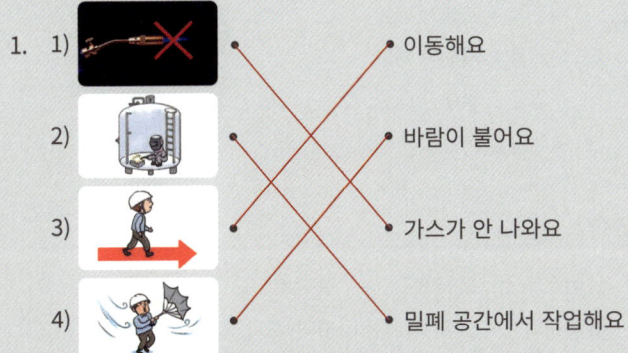

2. 1) 용접할 때는 바람을 등지고 하세요.
   2) 바람이 불 때는 바람막이를 설치하세요.
   3) 가스가 안 나올 때는 케이블 결함을 확인하세요.
   4) 밀폐 공간에서 작업할 때는 산소 농도를 체크하세요.

들어 보세요

1. 1) ① 2) ④

받아쓰세요

1. 바람막이를 설치하세요.
2. 안전 장비를 점검하세요.
3. 이동할 때는 주위를 확인하세요.

10과 여기부터 저기까지 용접하세요

P. 87

학습하기 전에

1. 이쪽에서 → 저쪽까지 → 무슨 → 용접해요? → 여기부터 → 저기까지 → 버티컬 용접 → 위보기 자세 → 필렛 용접 → 아래보기 자세 → 맞대기 용접 → 시작해

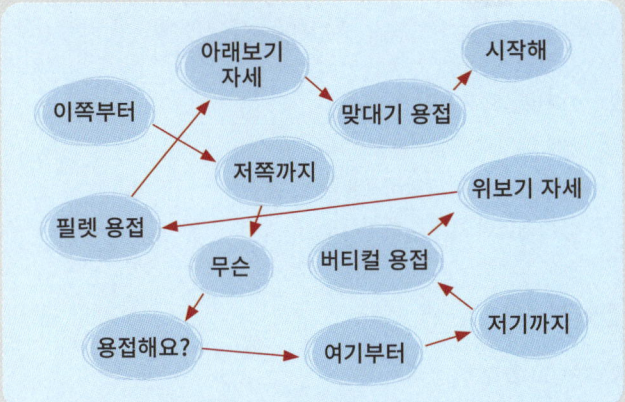

2.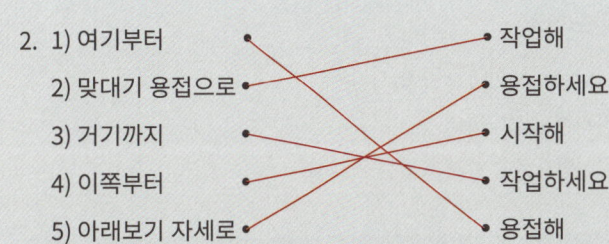

연습1

1.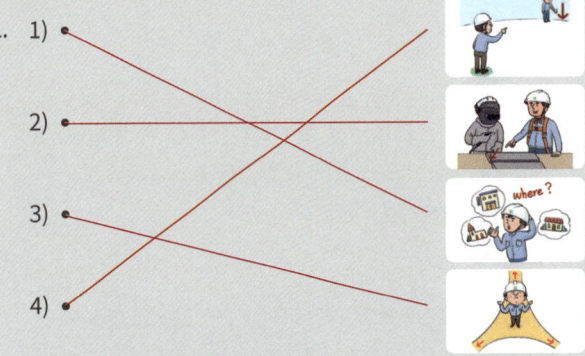

2. 1) A부터 B까지 작업하세요.
   2) 여기부터 거기까지 용접하세요.
   3) 이쪽부터 저쪽까지 작업하세요.
   4) 이쪽 모서리부터 저쪽 모서리까지 용접하세요.

연습2

1.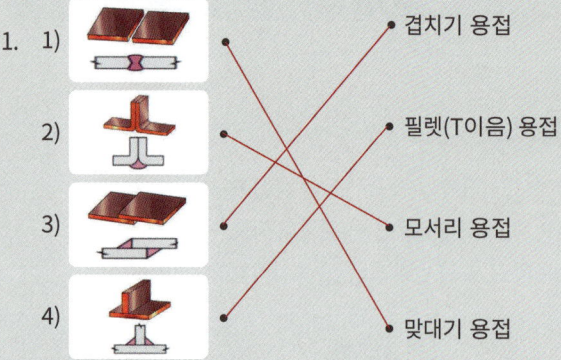
   1) 겹치기 용접
   2) 필렛(T이음) 용접
   3) 모서리 용접
   4) 맞대기 용접

2. 1) T이음으로 용접하세요.
   2) 맞대기로 용접하세요.
   3) 수평 자세로 작업하세요.
   4) 아래보기 자세로 작업하세요.

들어 보세요

2. 1) ③ 2) ②

받아쓰세요

1. 여기부터 저기까지 작업하세요.
2. 버티컬 용접하세요.
3. 후진법으로 겹치기 용접하세요.

11과 용접 속도를 유지해야 돼요

P. 95

학습하기 전에

1. 비드 → 높아요 → 전압 → 조절하세요 → 비드 폭 → 넓어요 → 느리게 → 용접하세요 → 속도 → 일정하게 → 유지하세요 → 슬래터 --> 제거하세요

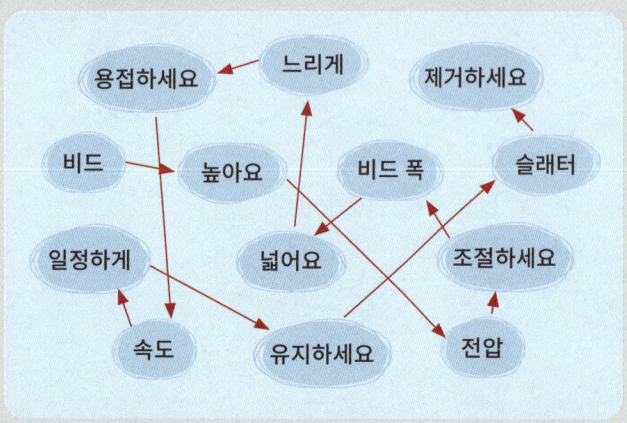

2. 1) 속도가 — 유지하세요
   2) 비드가 — 넓어요
   3) 일정하게 — 조절하세요
   4) 비드 폭이 — 높아요
   5) 전압을 — 빨라요

연습1

1.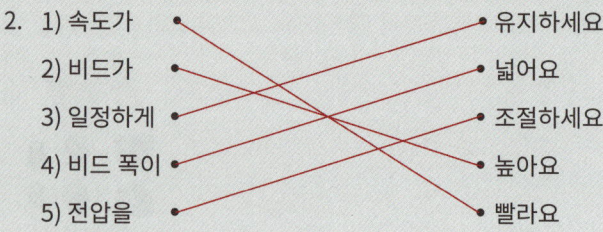
   1)
   2)
   3)
   4)
   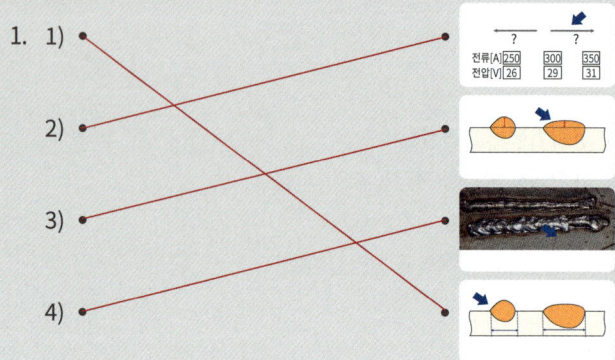

2. 1) 속도를 유지해야 돼요.
   2) 자세를 유지해야 돼요.
   3) 전압을 조절해야 돼요.
   4) 슬래그를 제거해야 돼요.

연습2

1. 1) 빠르다   2) 두껍다   3) 길다
   4) 약하다   5) 지저분하다   6) 각도가 작다

2. 1) 느리게 용접하세요.
   2) 짧게 조절하세요.
   3) 세게 조절하세요.
   4) 깨끗하게 제거하세요.

들어 보세요

2. 1) ④   2) ④

받아쓰세요

1. 비드 폭이 좁아요.
2. 용접 속도를 유지해야 돼요.
3. 와이어 길이를 짧게 조절하세요.

12과 의장품을 설치하세요

P.103

학습하기 전에

1. 도면 → 클램프 → 기계 → 의장품 → 파이프 → 레버풀러 → 그라인더 → 조이세요 → 사상하세요 → 잡아당기다 → 설치하세요 → 체인호이스트

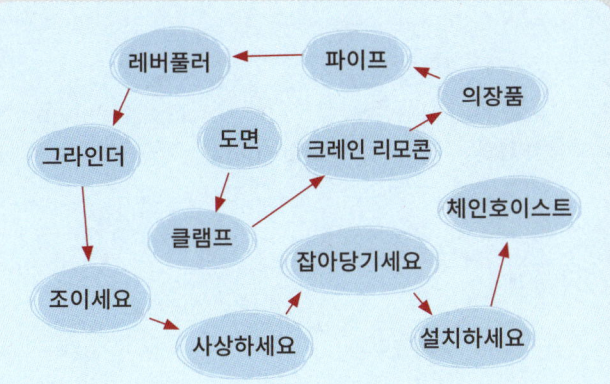

2. 1) 크레인 리모콘으로 — 들어 올리세요
   2) 의장품을 — 장착하세요
   3) 그라인더 숫돌을 — 설치하세요
   4) 레버풀러를 — 잡아당기세요
   5) 체인호이스트를 — 이동하세요

연습1

1.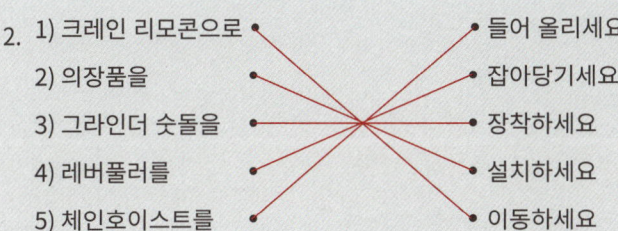

2. 1) 의장품을 설치하세요.
   2) 용접기에 피더기를 설치하세요.
   3) 피더기에 와이어를 설치하세요.
   4) 블록에 판넬을 설치하세요.

연습2

1.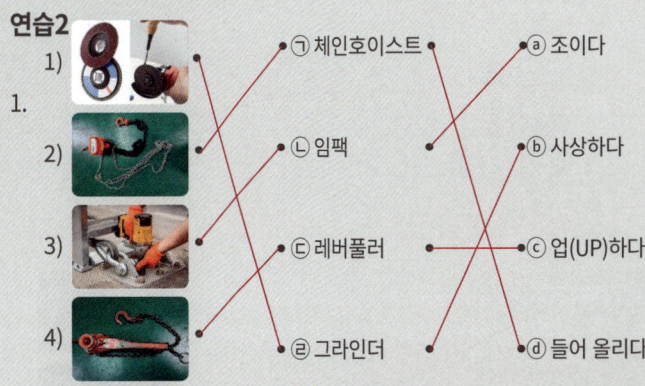
   1) — ㉠ 체인호이스트 — ⓒ 업(UP)하다
   2) — ㉡ 임팩 — ⓐ 조이다
   3) — ㉢ 레버풀러 — ⓓ 들어 올리다
   4) — ㉣ 그라인더 — ⓑ 사상하다

2. 1) 천천히 올리면서 잡아당기세요.
   2) 옆으로 이동하면서 내리세요.
   3) 전류를 보면서 전압을 조절하세요.
   4) 손을 조심하면서 그라인더하세요.

들어 보세요

2. 1) ④   2) ①

받아쓰세요

1. 의장품을 설치하세요.
2. 잘 보면서 조립하세요.
3. 그라인더 숫돌을 끼우세요.

13과 용접하기 전에 취부하세요

P. 111

학습하기 전에

1. 베이비 그라인더 → 가스켓 → 절단하세요 → 육각렌치 → 슬래그 망치 → 측정하세요 → 각도기 → 처리하세요 → 취부하세요 → 고정시키세요 → 용접게이지 → 붙이세요

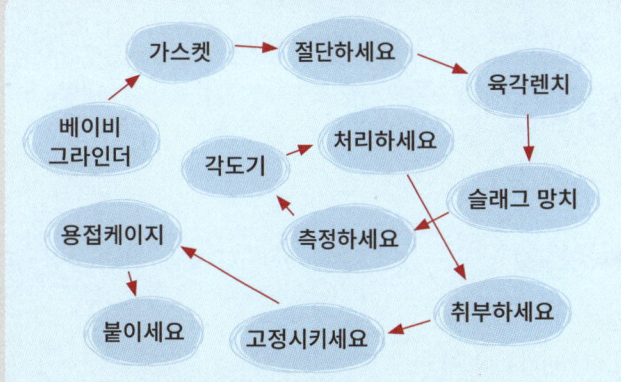

2. 1) 각도기로 • • 제거하세요
   2) 줄자로 • • 사용하세요
   3) 고정구로 • • 재세요
   4) 슬래그를 • • 고정시키세요
   5) 베이비 그라인더를 • • 맞추세요

연습1

1. 1) •
   2) •
   3) •
   4) •

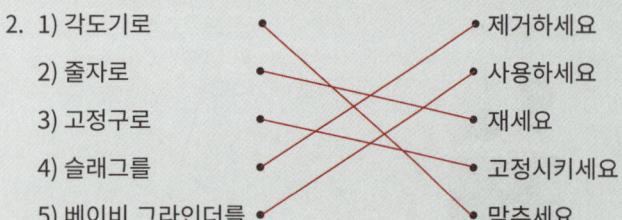

2. 1) 이쪽 모서리부터 취부하세요.
   2) 파이프와 의장품을 취부하세요.
   3) 볼팅하고 취부하세요.
   4) 도면을 보면서 취부하세요.

연습2

1. 1)
   2)
   3)
   4)

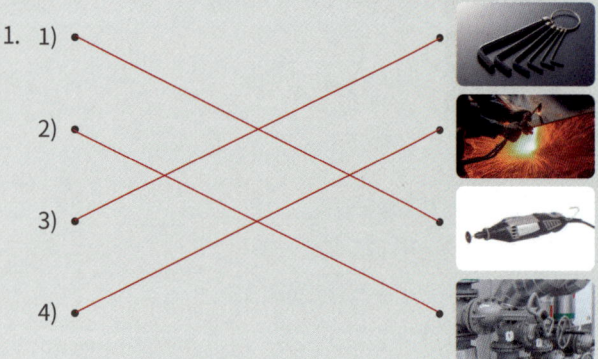

• ㉠ 자석   • ⓐ 재다
• ㉡ 고리   • ⓑ 걸다
• ㉢ 줄자   • ⓒ 고정시키다
• ㉣ 고정구 • ⓓ 붙이다

2. 1) 볼팅하기 전에 가스켓을 끼우세요.
   2) 취부하기 전에 슬래그를 제거하세요.
   3) 용접하기 전에 의장품을 설치하세요.
   4) 사상하기 전에 그라인더 돌을 바꾸세요.

들어 보세요

2. 1) ④   2) ④

받아쓰세요

1. 여기를 취부하세요.
2. 용접하기 전에 슬래그를 제거하세요.
3. 파이프를 잘 고정시키세요.

14과 용접 결함을 보수하세요

P. 119

학습하기 전에

1. 용접 결함 → 보수하세요 → 슬래그 → 섞였어요 → 언더필이에요 → 스패터 → 튀었어요 → 때가 묻었어요 → 비드가 좁아요 → 오버랩 됐어요 → 재작업하세요

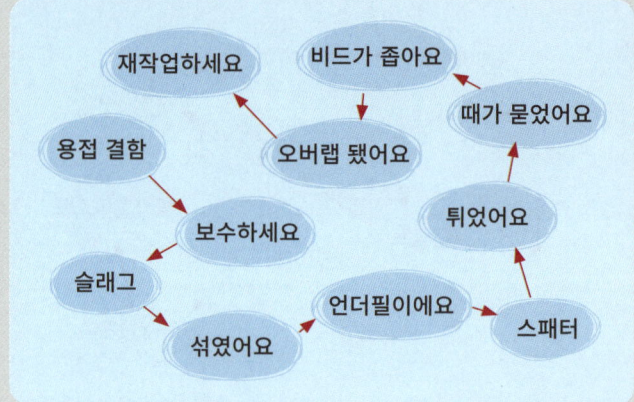

2. 1) 슬래그가 •   • 오버랩 됐어요
   2) 언더컷을 •   • 섞였어요
   3) 크랙이 생겼으니까 • • 재작업하세요
   4) 전류가 낮아서 •   • 지저분해요
   5) 먼지가 묻어서 •   • 보수하세요

연습1

1. 1) •
   2) •
   3) •
   4) •

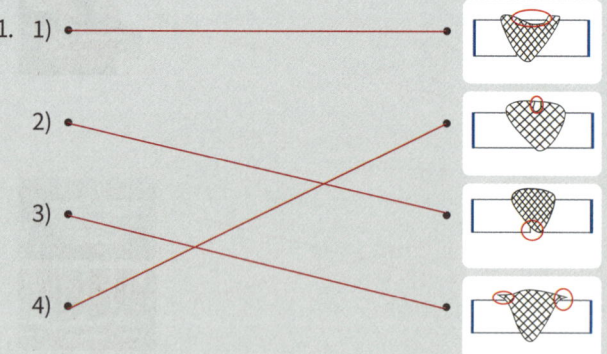

2. 1) 언더필이 됐으니까 보수하세요.
   2) 오버랩 됐으니까 보수하세요.
   3) 기공이 있으니까 재작업하세요.
   4) 크랙이 생겼으니까 재작업하세요.

연습2

1. 1) 기름이 묻었어요   2) 녹이 슬었어요
   3) 페인트가 묻었어요   4) 먼지가 묻었어요

2. 1) 스패터가 튀어서 불량이 생겼어요.
   2) 전압이 높아서 비드가 퍼졌어요.
   3) 전류가 높아서 언더컷 됐어요.
   4) 아크가 짧아서 오버랩 됐어요.

들어 보세요

2. 1) ③   2) ①

받아쓰세요

1. 결함을 보수하세요.
2. 아크가 짧아서 오버랩 됐어요.
3. 전류를 낮추고 재작업하세요.

15과 작업장을 정리하세요

P.127

학습하기 전에

1. 작업 완료 → 청소하세요 → 분리수거 → 쓰레기통에 버리세요 → 빗자루 → 정리정돈 → 말아 놓으세요 → 자재 → 종량제 봉투 → 퇴근

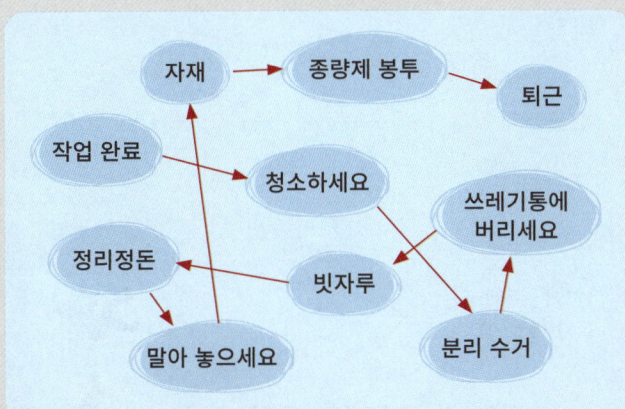

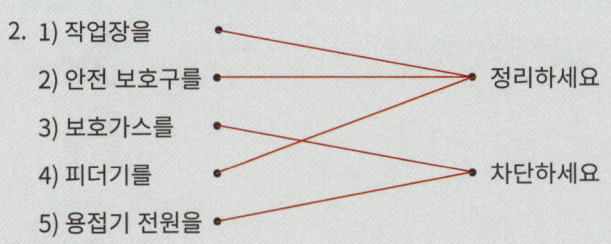

연습1

1. 1)~4)

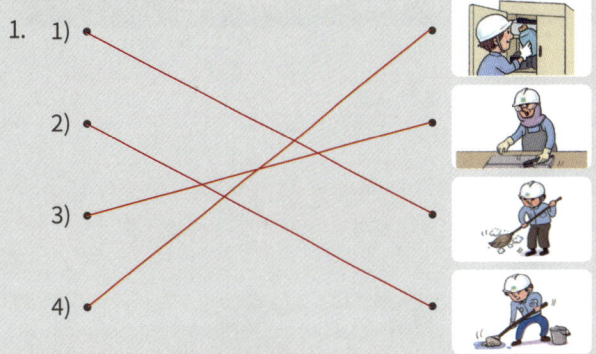

2. 1) 바닥을 걸레로 닦으세요.
   2) 슬래그를 솔로 터세요.
   3) 쓰레기를 분리수거하세요.
   4) 작업장을 빗자루로 쓰세요.

연습2

1.

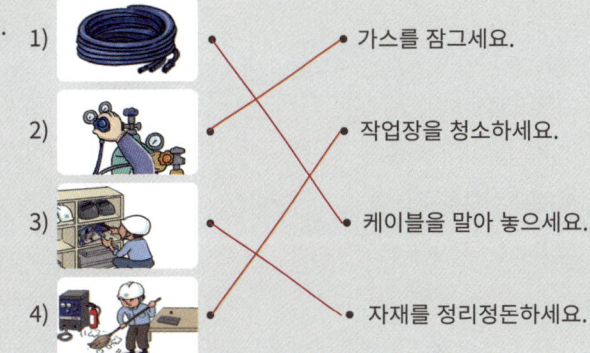

2. 1) 가스를 잠근 후에 전원을 차단하세요.
   2) 전원을 차단한 후에 케이블을 정리하세요.
   3) 케이블을 정리한 후에 피더기를 사물함에 넣으세요.
   4) 피더기를 사물함에 넣은 후에 작업장을 청소하세요.

들어 보세요

2. 1) ①   2) ④

받아쓰세요

1. 작업장을 정리하세요.
2. 가스를 잠그세요.
3. 청소한 후에 퇴근해.

16과 절대수칙을 꼭 지키세요

P. 137

학습하기 전에

1. 맞음 → 충돌 → 깔림 → 화재 → 폭발 → 떨어짐 → 불이 남 → 소화기 → 숨막힘 → 비상구 → 미끄러짐 → 유해물질

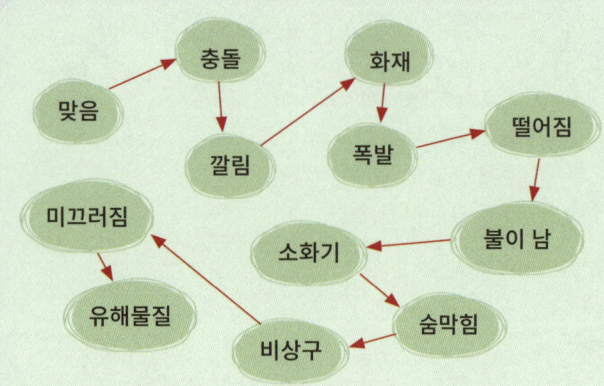

2. 1) 대피 장소로 — 이동하세요
   2) 유해물질이 — 많아요
   3) 가설물이 — 있어요
   4) 절대수칙을 꼭 — 지키세요
   5) 흡연을 — 하지 마세요

연습

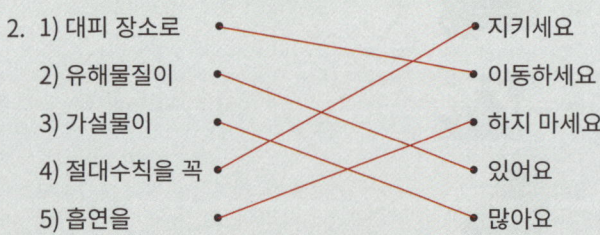

1. 1) 깔림·끼임(협착)
   2) 떨어짐(추락)
   3) 불이 남(화재)
   4) 맞음(낙하·비래)

2. 1) 비상구급장비 2) 구급약 3) 공기호흡기 4) 대피소

알아봅시다 1

1. 1) 조선업   2) 떨어짐
2.

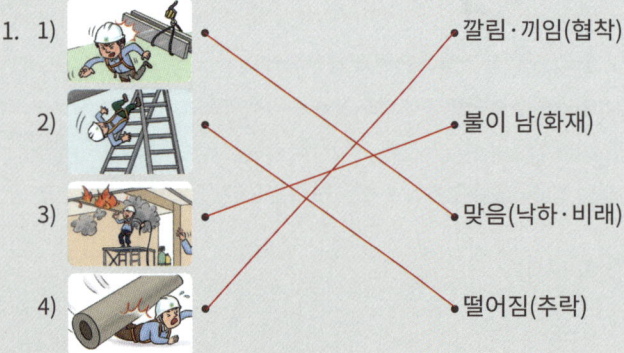

금지	1) 휴대폰 사용 <u>금지</u>	2) 이어폰 사용 <u>금지</u>	3) 흡연 <u>금지</u>	4) 안전장치 해제 <u>금지</u>
-지 마세요	휴대폰을 사용하지 <u>마세요</u>	이어폰을 사용하지 <u>마세요</u>	담배를 피우지 <u>마세요</u>	안전장치를 해제하지 <u>마세요</u>

알아봅시다 2

2. ※

1	작업 중 휴대폰, 이어폰 사용 [준수 (　) / 금지 (√)]
2	사내 규정 속도 [준수 (√) / 금지 (　)]
3	LOTO 규정 [준수 (√) / 금지 (　)]
4	도장/ 화기 혼재 작업 [준수 (　) / 금지 (√)]
5	안전 장치 임의 제거 [준수 (　) / 금지 (√)]

17과 추락(떨어짐) 사고

P. 145

학습하기 전에

1. 떨어지다 → 미끄러지다 → 추락하다 → 사다리 → 작업 발판 → 개구부 덮개 → 넘어지다 → 맨홀에 빠지다 → 안전 난간 → 안전대 착용

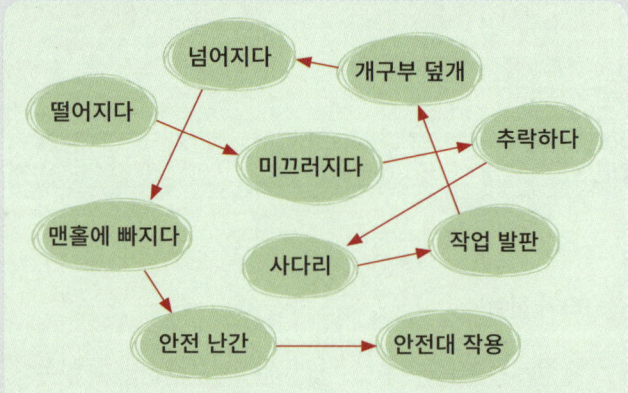

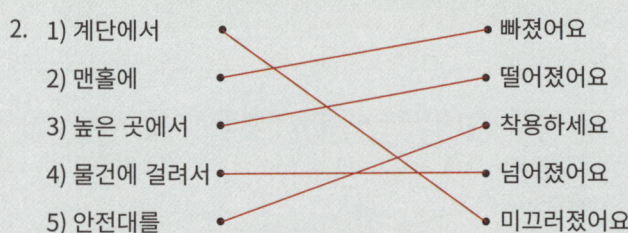

2. 1) 계단에서 — 미끄러졌어요
   2) 맨홀에 — 빠졌어요
   3) 높은 곳에서 — 떨어졌어요
   4) 물건에 걸려서 — 넘어졌어요
   5) 안전대를 — 착용하세요

연습

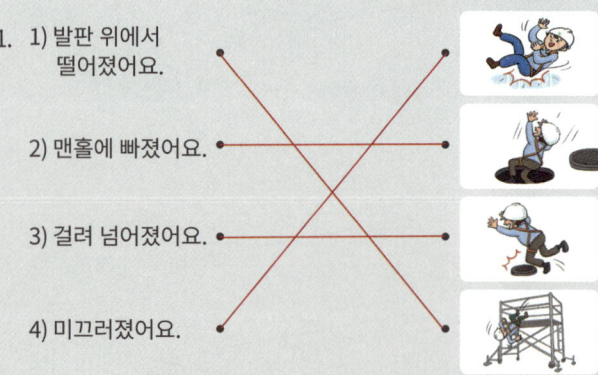

1. 1) 발판 위에서 떨어졌어요.
   2) 맨홀에 빠졌어요.
   3) 걸려 넘어졌어요.
   4) 미끄러졌어요.

2. 1) 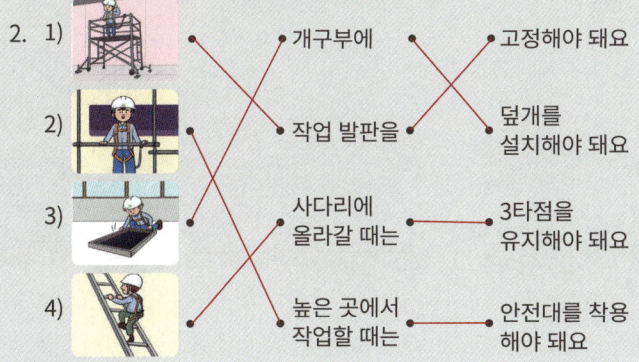 개구부에 — 고정해야 돼요
   2) 작업 발판을 — 덮개를 설치해야 돼요
   3) 사다리에 올라갈 때는 — 3타점을 유지해야 돼요
   4) 높은 곳에서 작업할 때는 — 안전대를 착용해야 돼요

알아봅시다 1

2. 1) ④
   2)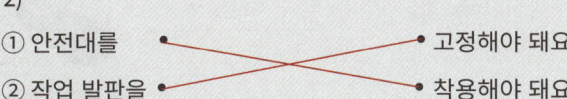
   ① 안전대를 — 고정해야 돼요
   ② 작업 발판을 — 착용해야 돼요

알아봅시다 2

2. 1) ②
   2)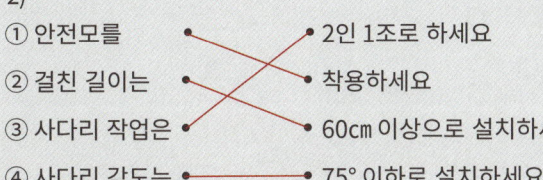
   ① 안전모를 — 2인 1조로 하세요
   ② 걸친 길이는 — 착용하세요
   ③ 사다리 작업은 — 60㎝ 이상으로 설치하세요
   ④ 사다리 각도는 — 75° 이하로 설치하세요

알아봅시다 3

2. 1) ④
   2)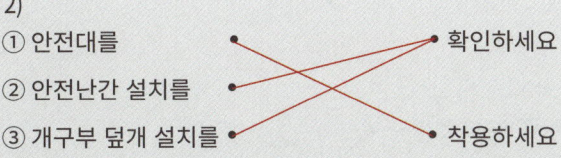
   ① 안전대를 — 확인하세요
   ② 안전난간 설치를
   ③ 개구부 덮개 설치를 — 착용하세요

18과 화재와 폭발 사고

P. 153

학습하기 전에

1. 화재 → 폭발 → 가스 냄새 → 가스 누출 → 환기를 하다 → 가연성 물질 → 불티 → 튀다 → 호스 → 분리하다 → 발생하다 → 손상되다 → 예방하다

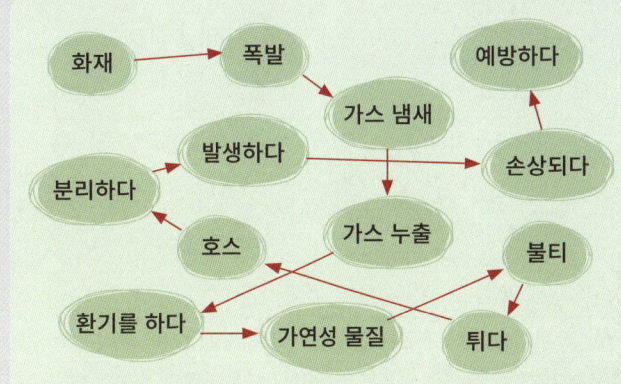

2. 1) 불꽃이 — 방치했어요
   2) 화재가 — 튀었어요
   3) 전기용량을 — 발생했어요
   4) 토치를 — 훼손됐어요
   5) 호스가 — 초과했어요

연습

1. 1) 화기작업과 도장작업을 병행하지 마세요
   2) 전기 용량을 초과하지 마세요
   3) 발화 위험 물질을 휴대하지 마세요
   4) 작업장 이면을 확인하세요
   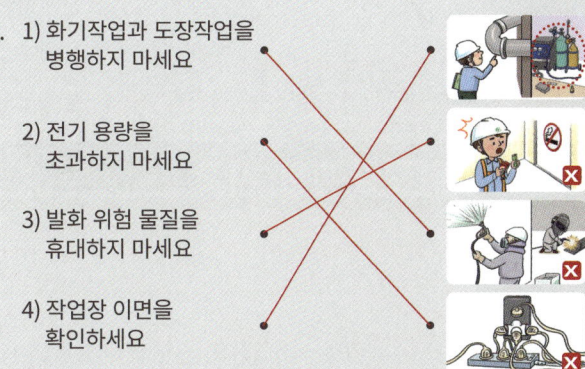

2. 1) 부착 2) 테이핑 3) 폐기 4) 분리 5) 환기

알아봅시다 1

1. ④

2. 1) (1) 불티는 (11미터)까지 날아가요. 그래서 주변에 (가연성) 물질이 있으면 안돼요.
   (2)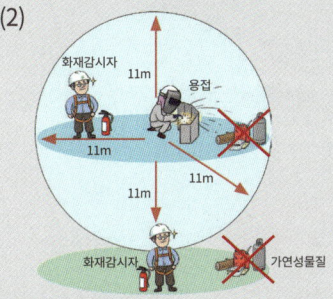

알아봅시다 2

1. (가스) 폭발 사고 / 가스가 누출되지 않도록 조심해야 한다. / 가스가 누출되지 않도록 점검을 잘 해야 한다.

2. ※

	할 것 (O)	하지 말 것 (X)
1)	- 가스호스 점검	- 손상된 호스를 테이핑함 - 마모된 호스를 사용
2)	- 벨브를 (서서히) 조작	- 벨브를 빨리 조작
3)	- 연결할 때 (조임기구) (밴드, 클립)를 사용	- 손상된 토치를 사용
4)	- 휴식, 점심시간, 작업 종료 시 니플과 토치를 (분리)	- 토치를 방치함
5)	- 가스통에 (꼬리표) 부착	-
6)	- 다른 (색상)의 배관을 사용	-

알아봅시다 2

2. 1)

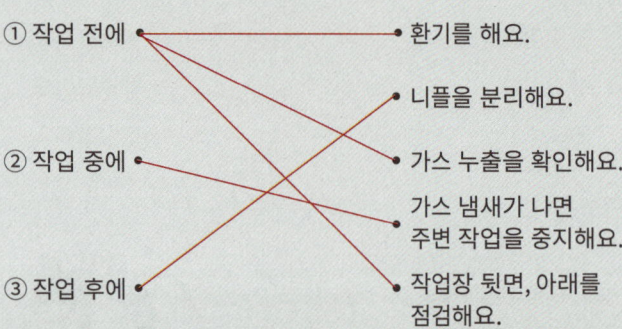

① 작업 전에 — 환기를 해요.
— 니플을 분리해요.
② 작업 중에 — 가스 누출을 확인해요.
— 가스 냄새가 나면 주변 작업을 중지해요.
③ 작업 후에 — 작업장 뒷면, 아래를 점검해요.

19과 협착(깔림·끼임) 사고

P. 161
학습하기 전에

1. 부재 → 깔렸어요 → 환기팬 → 끼였어요 → 후크 → 벌어졌어요
→ 다쳤어요 → 그라인더 → 망치 → 안전 커버 → 준수하세요

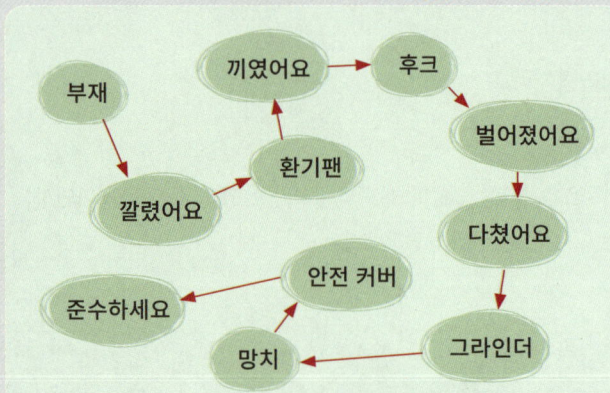

2. 1) 부재에 — 끼였어요
   2) 손이 — 깔렸어요
   3) 안전 커버를 — 삽입하세요
   4) 환기팬을 — 해체하지 마세요
   5) 부재를 클램프에 — 손으로 만지지 마세요

연습1

1. 1) 부재에 깔렸어요.
   2) 망치에 손을 찧었어요.
   3) 작업복이 말려 들어갔어요.

2. 1) 전원 차단을 확인 하세요.
   2) 작업 신호를 준수 하세요.
   3) 구름멈춤대를 설치 하세요.
   4) 안전 커버를 해체 하지 마세요.
   5) 회전 공구 작업할 때 목장갑을 끼지 마세요.

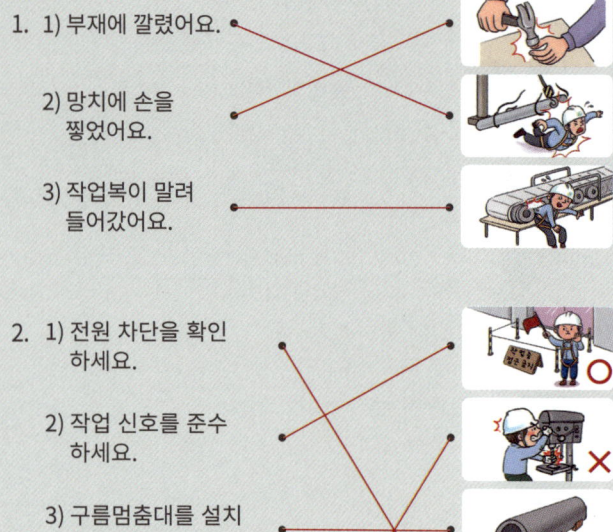

알아봅시다 1

2. 1) ④

   2)
   ① 부재를 — 깊게 삽입해요
   ② 클램프에 — 달줄을 사용해요
   ③ 이동할 때 — 피스를 끼우지 마세요

알아봅시다 2

2. 1) ④

   2)
   ① 마모된 체인을 — 초과하면 안 돼요
   ② 체인을 — 너무 세게 당기면 안 돼요
   ③ 적정하중을 — 사용하면 안 돼요

알아봅시다 3

2. 1) ①

   2)
   ① 망치를 — 해체하면 안 돼요
   ② 환기팬을 — 손으로 만지면 안 돼요
   ③ 안전 커버를 — 두 손으로 잡고 타격해요

20과 충돌(부딪힘), 낙하·비래(맞음) 사고

P. 169
학습하기 전에

1. 지게차 → 부딪혔어요 → 안전통로 → 이동하세요 → 중량물 → 이동 시 → 물체 → 맞았어요 → 작업 전 → 반드시 → 작업 도구 → 점검하세요

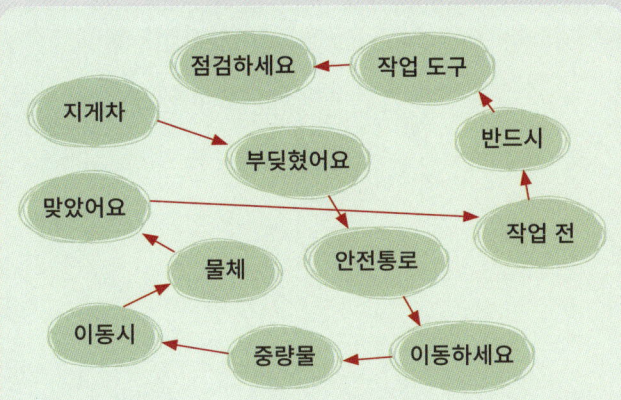

2. 1) 작업 도구를 — 점검하세요
   2) 지게차에 — 부딪혔어요
   3) 안전 점검을 — 실시하세요
   4) 작업계획서를 — 작성하세요
   5) 날아오는 중량물에 — 맞았어요

연습

1. 1) 크레인 붐에 맞았어요.
   2) 지게차에 부딪혔어요.
   3) 깨진 숫돌에 맞았어요.
   4) 운반하는 중량물에 부딪혔어요.

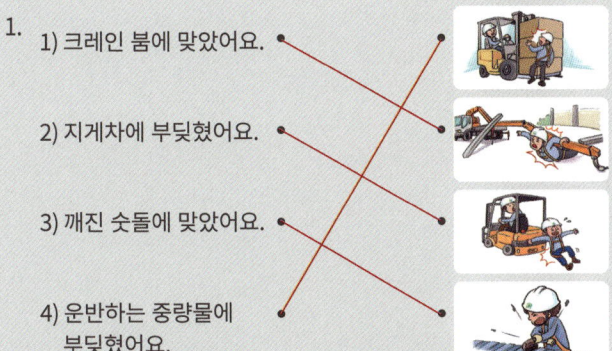

2. 1) — 안전통로를 설치해야 돼요.
   2) — 체크리스트를 작성해야 돼요.
   3) — 크레인의 와이어로프를 점검해야 돼요.
   4) — 그라인더를 점검해야 돼요.

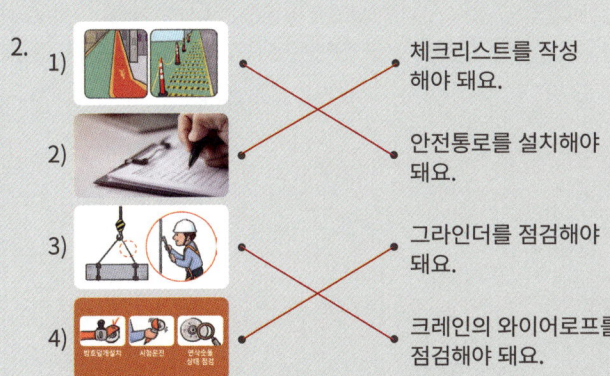

알아봅시다 1

2. 1) ③   2) ①, ③, ④

알아봅시다 2

2. 1) ④   2) ①

알아봅시다 3

2. 1) ④   2) ③

MEMO

MEMO

MEMO

용접 한국어

발 행 처	주식회사 코어큐브랩
	서울특별시 종로구 종로 1, 15층(종로1가, 교보생명빌딩)
	전화: 02-2088-8468
	전자우편: hikorea2015@gmail.com
발 행 인	윤소망
발 행 일	2023년 8월 31일
	초판 1쇄 인쇄 2023년 8월 31일
	초판 3쇄 인쇄 2024년 12월 3일

발 행 협 조

제작 책임자	명기웅
디자인	명기웅 최현주
삽 화	방사강
사 진	㈜게티이미지코리아
녹 음	릭 스튜디오
인 쇄	㈜씨에이씨아이

집 필

연구 책임자	김태진 삼육보건대학교
공동 연구원	이미선 서정대학교
	정진희 서정대학교
	박은경 서정대학교
	조미연 서정대학교
한국어 감수	곽지영 연세대학교
기 술 감수	이양국 현대삼호중공업
	신상운 HD현대중공업
필드 코디네이션	김호택 현대삼호중공업

ISBN 979-11-984420-0-0(13710)

© 주식회사 코어큐브랩, 2024
이 책의 저작권은 주식회사 코어큐브랩에 있습니다.
저작권자의 허락 없이 내용의 일부를 인용하거나 발췌하는 것을 금합니다.